NOMEN ROMANUM

NOMEN ROMANUM

A BOOK OF AUGUSTAN LATIN

Selected with Vocabulary

BY

J. G. WORTH

CAMBRIDGE

AT THE UNIVERSITY PRESS

1953

CAMBRIDGE
UNIVERSITY PRESS

University Printing House, Cambridge CB2 8BS, United Kingdom

Published in the United States of America by Cambridge University Press, New York

Cambridge University Press is part of the University of Cambridge.

It furthers the University's mission by disseminating knowledge in the pursuit of
education, learning and research at the highest international levels of excellence.

www.cambridge.org
Information on this title: www.cambridge.org/9781107696044

© Cambridge University Press 1930

First edition 1930
First published 1930
Reprinted 1953
First paperback edition 2014

A catalogue record for this publication is available from the British Library

ISBN 978-1-107-69604-4 Paperback

PREFACE

THE tales and poems in this selection have been chosen for their intrinsic interest and value, as well as for exercise in the speech of the Romans.

Here are events narrated by men who played a leading part in them and so have given to their narrative the print of reality. Here are scenes from the history of Rome told with vigour and a sense of drama. Here, too, are legends from Hellas, caught up into the grace and power of a kindred tongue.

Personal experience and imaginative insight are worthy of intimate study, most of all when they come from men who were eminent in one of the great ages of the world.

J. G. W.

EMANUEL SCHOOL

LONDON

1930

CONTENTS

CONTENTS

VERGIL

CICERO

HORACE

LIVY

TITUS LIVIUS PATAVINUS was born at Padua, 58 B.C.
He wrote a History of Rome from the earliest times down
to 10 B.C. but only about 35 out of the 142 books are extant.
He was a friend of Augustus and tutor of the Emperor
Claudius. His history is inaccurate at times, but always
picturesque and dramatic when it is possible to be so. He
loves telling a story, describing a vigorous action or making
his characters speak with warmth and eloquence. Pliny the
Younger tells in one of his letters that a Spaniard, after
reading the History, made a journey from Cadiz to Rome,
at that time a considerable one, merely to see Livy and
returned as soon as he had done so.

The first extract is from the early and rather mytho-
logical days of the City's history. Three brothers each
from the armies of Rome and of Alba meet to decide the
fate of their cities in single combat. You will find the story
put into dramatic form in Corneille's play *Horace*.

THE THREE BROTHERS

FORTE in duobus tum exercitibus erant trigemini fratres nec
aetate nec viribus dispares. Horatios Curiatiosque fuisse satis
constat, nec ferme res antiqua est nobilior; tamen in re tam
clara nominum error manet, utrius populi Horatii, utrius
Curiatii fuerint. auctores utroque trahunt; plures tamen
invenio qui Romanos Horatios vocent; hos ut sequar in-
clinat animus. cum trigeminis agunt reges, ut pro sua
quisque patria dimicent ferro: ibi imperium fore, unde
victoria fuerit. nihil recusatur: tempus et locus convenit.
prius quam dimicarent, foedus ictum inter Romanos et

Albanos est his legibus, ut, cuius populi cives eo certamine vicissent, is alteri populo cum bona pace imperitaret.

Foedere icto trigemini, sicut convenerat, arma capiunt. cum sui utrosque adhortarentur, deos patrios, patriam ac parentes, quicquid civium domi, quicquid in exercitu sit, illorum tunc arma, illorum intueri manus, feroces et suopte ingenio et pleni adhortantium vocibus in medium inter duas acies procedunt. consederant utrimque pro castris duo exercitus periculi magis praesentis quam curae expertes; quippe imperium agebatur in tam paucorum virtute atque fortuna positum, itaque ergo erecti suspensique in minime gratum spectaculum animos intendunt.

Datur signum infestisque armis velut acies terni iuvenes magnorum exercituum animos gerentes concurrunt. nec his nec illis periculum suum, publicum imperium servitiumque observatur animo futuraque ea deinde patriae fortuna, quam ipsi fecissent. ut primo statim concursu concrepuere arma micantesque fulsere gladii, horror ingens spectantis perstringit, et neutro inclinata spe torpebat vox spiritusque.

Consertis deinde manibus, cum iam non motus tantum corporum agitatioque anceps telorum armorumque, sed vulnera quoque et sanguis spectaculo essent; duo Romani, super alium alius, vulneratis tribus Albanis, expirantes corruerunt. ad quorum casum cum conclamasset gaudio Albanus exercitus, Romanas legiones iam spes tota, nondum tamen cura deseruerat, exanimes vice unius, quem tres Curiatii circumsteterant.

Forte is integer fuit, ut universis solus nequaquam par, sic adversus singulos ferox. ergo, ut segregaret pugnam eorum, capessit fugam, ita ratus secuturos, ut quemque vulnere adfectum corpus sineret. iam aliquantum spatii ex eo loco, ubi pugnatum est, aufugerat, cum respiciens videt magnis intervallis sequentes: unum haud procul ab sese abesse. in eum magno impetu rediit, et dum Albanus exercitus inclamat Curiatios, uti opem ferant fratri, iam Horatius, caeso hoste, victor secundam pugnam petebat.

Tunc clamore, qualis ex insperato faventium solet, Romani adiuvant militem suum et ille defungi proelio festinat. prius itaque quam alter (nec procul aberat) consequi posset, et alterum Curiatium conficit; iamque aequato Marte singuli supererant, sed nec spe nec viribus pares. alterum intactum ferro corpus et geminata victoria ferocem in certamen tertium dabat: alter fessum vulnere, fessum cursu trahens corpus victusque fratrum ante se strage victori obicitur hosti. nec illud proelium fuit. Romanus exultans "duos" inquit "fratrum Manibus dedi; tertium causae belli huiusce, ut Romanus Albano imperet, dabo." male sustinenti arma gladium superne iugulo defigit: iacentem spoliat.

Romani ovantes ac gratulantes Horatium accipiunt eo maiore cum gaudio, quo prope metum res fuerat. ad sepulturam inde suorum nequaquam paribus animis vertuntur, quippe imperio alteri aucti, alteri dicionis alienae facti. sepulcra extant, quo quisque loco cecidit: duo Romana uno loco propius Albam, tria Albana Romam versus, sed distantia locis, ut et pugnatum est.

Priusquam inde digrederentur, roganti Mettio, ex foedere icto quid imperaret, imperat Tullus uti iuventutem in armis habeat: usurum se eorum opera, si bellum cum Veientibus foret. ita exercitus inde domos abducti.

The hero enters Rome in triumph and is met by his sister who had been betrothed to one of the Curiatii.

Princeps Horatius ibat trigemina spolia prae se gerens; cui soror virgo, quae desponsa uni ex Curiatiis fuerat, obvia ante portam Capenam fuit; cognitoque super umeros fratris paludamento sponsi, quod ipsa confecerat, solvit crines et flebiliter nomine sponsum mortuum appellat. movit feroci iuveni animum conploratio sororis in victoria sua tantoque gaudio publico. stricto itaque gladio, simul verbis increpans transfigit puellam. "abi hinc cum immaturo amore ad sponsum" inquit "oblita fratrum mortuorum vivique, oblita patriae. sic eat, quaecumque Romana lugebit hostem."

atrox visum id facinus patribus plebique, sed recens meritum facto obstabat. tamen raptus in ius ad regem. rex ne ipse tamen tristis ingratique ad vulgus iudicii ad secundum iudicium supplicii auctor esset, concilio populi advocato "duumviros" inquit "qui Horatio perduellionem iudicent, secundum legem facio." lex horrendi carminis erat: duumviri perduellionem iudicent; si a duumviris provocaverit, provocatione certato; si vincent, caput obnubito; infelici arbore suspendito; verberato vel intra pomerium vel extra pomerium.

Hac lege duumviri creati, qui se absolvere non rebantur ea lege ne noxium quidem posse, cum condemnassent; tum alter ex eis "P. Horati, tibi perduellionem iudico" inquit; "i, lictor, conliga manus." accesserat lictor iniciebatque laqueum. tum Horatius, auctore Tullo, clemente legis interprete, "provoco" inquit. ita de provocatione certatum ad populum est.

Moti homines sunt in eo iudicio maxime P. Horatio patre proclamante se filiam iure caesam iudicare; ni ita

4

esset, patrio iure in filium animadversurum fuisse. orabat
deinde, ne se, quem paulo ante cum egregia stirpe conspexissent, orbum liberis facerent. inter haec senex iuvenem
amplexus, spolia Curiatiorum fixa eo loco, qui nunc pila
Horatia appellatur, ostentans "huncine" aiebat "quem
modo decoratum ovantemque victoria incedentem vidistis,
Quirites, eum sub furca vinctum inter v̌erbera et cruciatus
videre potestis? quod vix Albanorum oculi tam deforme
spectaculum ferre possent. i, lictor, conliga manus, quae
paulo ante armatae imperium populo Romano pepererunt.
i, caput obnube liberatoris urbis huius; arbore infelici sus-
pende; verbera vel intra pomerium, modo inter illa pila
et spolia hostium, vel extra pomerium, modo inter sepulcra
Curiatiorum. quo enim ducere hunc iuvenem potestis, ubi
non sua decora eum a tanta foeditate supplicii vindicent?"

Non tulit populus nec patris lacrimas nec ipsius parem
in omni periculo animum, absolveruntque admiratione
magis virtutis quam iure causae. itaque, ut caedes manifesta aliquo tamen piaculo lueretur, imperatum patri, ut
filium expiaret pecunia publica. is quibusdam piacularibus
sacrificiis factis, quae deinde genti Horatiae tradita sunt,
transmisso per viam tigillo capite adoperto velut sub iugum
misit iuvenem. id hodie quoque publice semper refectum
manet; sororium tigillum vocant. Horatiae sepulcrum, quo
loco corruerat icta, constructum est saxo quadrato.

[Bk. 1 ch. 24–26.]

HORATIUS KEEPS THE BRIDGE

After Brutus had expelled the Tarquins from Rome their
cause was taken up by Lars Porsena, king of Clusium.

IAM TARQUINII ad Lartem Porsenam, Clusinum regem,
perfugerant. ibi miscendo consilium precesque nunc ora-

bant, ne se, oriundos ex Etruscis, eiusdem sanguinis nomi-
nisque, egentes exulare pateretur, nunc monebant etiam,
ne orientem morem pellendi reges inultum sineret. satis
libertatem ipsam habere dulcedinis. nisi, quanta vi civitates
eam expetant, tanta regna reges defendant, aequari summa
infimis. nihil excelsum, nihil, quod supra cetera emineat,
in civitatibus fore; adesse finem regnis, rei inter deos
hominesque pulcherrimae.

Porsena cum regem esse Romae tum Etruscae gentis
regem amplum Tuscis ratus Romam infesto exercitu venit.
non unquam alias ante tantus terror senatum invasit; adeo
valida res tum Clusina erat magnumque Porsenae nomen.
nec hostes modo timebant, sed suosmet ıpsi cives, ne
Romana plebs metu perculsa receptis in urbem regibus vel
cum servitute pacem acciperet. multa igitur blandimenta
plebi per id tempus ab senatu data.

Cum hostes adessent, pro se quisque in urbem ex agris
demigrant, urbem ipsam saepiunt praesidiis. alia muris alia
Tiberi obiecto videbantur tuta; pons sublicius iter hostibus
paene dedit, ni unus vir fuisset, Horatius Cocles: id munimentum illo die fortuna urbis Romanae habuit. qui positus
forte in statione pontis, cum captum repentino impetu
Ianiculum atque inde citatos decurrere hostes vidisset
trepidamque turbam suorum arma ordinesque relinquere,
reprehensans singulos, obsistens obtestansque deum et
hominum fidem testabatur nequiquam deserto praesidio eos
fugere. si transitum pontem a tergo reliquissent, iam plus
hostium in Palatio Capitolioque quam in Ianiculo fore.
itaque monere, praedicere, ut pontem ferro, igni, quacumque vi possint, interrumpant; se impetum hostium, quantum
corpore uno posset obsisti, excepturum.

6

Vadit inde in primum aditum pontis, insignisque intei conspecta cedentium pugnae terga obversis comminus ad ineundum proelium armis ipso miraculo audaciae obstupefecit hostis. duos tamen cum eo pudor tenuit, Sp. Lartium ac T. Herminium, ambos claros genere factisque. cum his primam periculi procellam et quod tumultuosissimum pugnae erat parumper sustinuit; deinde eos quoque ipsos exigua parte pontis relicta, revocantibus qui rescindebant, cedere in tutum coegit. circumferens inde truces minaciter oculos ad proceres Etruscorum nunc singulos provocare, nunc increpare omnes: servitia regum superborum, suae libertatis immemores alienam oppugnatum venire.

Cunctati aliquamdiu sunt, dum alius alium, ut proelium incipiant, circumspectant. pudor deinde commovit aciem, et clamore sublato undique in unum hostem tela coniciunt. quae cum in obiecto cuncta scuto haesissent, neque ille minus obstinatus ingenti pontem obtineret gradu, iam impetu conabantur detrudere virum, cum simul fragor rupti pontis, simul clamor Romanorum alacritate perfecti operis sublatus, pavore subito impetum sustinuit, tum Cocles "Tiberine pater" inquit, "te sancte precor, haec arma et hunc militem propitio flumine accipias." ita sicut erat armatus in Tiberim desiluit multisque superincidentibus telis incolumis ad suos tranavit, rem ausus plus famae habituram ad posteros quam fidei.

Grata erga tantam virtutem civitas fuit: statua in comitio posita; agri quantum uno die circumaravit datum. privata quoque inter publicos honores studia eminebant; nam in magna inopia pro domesticis copiis unusquisque aliquid fraudans se ipse victu suo contulit.

[Bk. II 9–10.]

7

MUCIUS THE LEFT-HANDED

This story follows closely after the previous one.

OBSIDIO ERAT nihilo minus et frumenti cum summa caritate inopia, sedendoque expugnaturum se urbem spem Porsena habebat, cum C. Mucius, adulescens nobilis, cui indignum videbatur populum Romanum servientem, cum sub regibus esset, nullo bello nec ab hostibus ullis obsessum esse, liberum eundem populum ab iisdem Etruscis obsideri, quorum saepe exercitus fuderit; itaque magno audacique aliquo facinore eam indignitatem vindicandam ratus primo sua sponte penetrare in hostium castra constituit. dein metuens ne, si consulum iniussu et ignaris omnibus iret, forte deprehensus a custodibus Romanis retraheretur ut transfuga, fortuna tum urbis crimen adfirmante, senatum adit. "transire Tiberim" inquit "patres, et intrare, si possim, castra hostium volo, non praedo nec populationum in vicem ultor: maius, si di iuvant, in animo est facinus." adprobant patres. abdito intra vestem ferro proficiscitur.

Ubi eo venit, in confertissima turba prope regium tribunal constitit. ibi cum stipendium militibus forte daretur, et scriba cum rege sedens pari fere ornatu multa ageret eumque milites vulgo adirent: timens sciscitari ut Porsena esset, ne ignorando regem semet ipse aperiret, quis esset, quo temere traxit fortuna facinus, scribam pro rege obtruncat.

Vadentem inde, qua per trepidam turbam cruento mucrone sibi ipse fecerat viam, cum concursu ad clamorem facto comprehensum regii satellites retraxissent, ante tribunal regis destitutus, tum quoque inter tantas fortunae minas metuendus magis quam metuens "Romanus sum"

inquit "civis; C. Mucium vocant. hostis hostem occidere
volui, nec ad mortem minus animi est, quam fuit ad caedem:
et facere et pati fortia Romanum est. nec unus in te ego
hos animos gessi; longus post me ordo est idem petentium
decus. proinde in hoc discrimen, si iuvat, accingere, ut in
singulas horas capite dimices tuo, ferrum hostemque in
vestibulo habeas regiae. hoc tibi iuventus Romana indicimus
bellum. nullam aciem, nullum proelium timueris: uni tibi
et cum singulis res erit."

Cum rex simul ira infensus periculoque conterritus
circumdari ignes minitabundus iuberet, nisi expromeret
propere, quas insidiarum sibi minas per ambages iaceret,
"en tibi" inquit "ut sentias, quam vile corpus sit iis, qui
magnam gloriam vident," dextramque accenso ad sacrifi-
cium foculo inicit. quam cum velut alienato ab sensu
torreret animo, prope attonitus miraculo rex cum ab sede
sua prosiluisset amoverique ab altaribus iuvenem iussisset,
"tu vero abi" inquit, "in te magis quam in me hostilia
ausus. iuberem macte virtute esse, si pro mea patria ista
virtus staret. nunc iure belli liberum te intactum invio-
latumque hinc dimitto."

Tunc Mucius quasi remunerans meritum "quando
quidem" inquit "est apud te virtuti honos, ut beneficio
tuleris a me, quod minis nequisti: trecenti coniuravimus
principes iuventutis Romanae, ut in te hac via grassaremur.
mea prima sors fuit: ceteri, ut cuiusque exciderit primi,
quoad te opportunum fortuna dederit, suo quisque tempore
aderunt."

Mucium dimissum, cui postea Scaevolae a clade dextrae
manus cognomen inditum, legati a Porsena Romam secuti
sunt. adeo moverat eum et primi periculi casus, quo nihil

9

se praeter errorem insidiatoris texisset, et subeunda dimicatio totiens, quot coniurati superessent, ut pacis condiciones
ultro ferret Romanis. iactatum in condicionibus nequiquam
de Tarquiniis in regnum restituendis, magis quia id negare
ipse nequiverat Tarquinius, quam quod negatum iri sibi ab
Romanis ignoraret. de agro Veientibus restituendo im-
petratum, expressaque necessitas obsides dandi Romanis, si
Ianiculo praesidium deduci vellent. his condicionibus composita pace exercitum ab Ianiculo deduxit Porsena et agro
Romano excessit. patres C. Mucio virtutis causa trans
Tiberim agrum dono dedere, quae postea sunt Mucia prata
appellata.

[Bk. II 12–13.]

DISASTER AT THE CAUDINE FORKS

In 321 B.C. the Roman army, under the consuls Titus
Veturius Calvinus and Spurius Postumus, was fighting
against the Samnites. News came that the important town
of Luceria in Apulia was invested. To reach it, the army
had to pass through a watery meadow lying between steep
hills. They found, too late, that the Samnites were waiting
in ambush for them, not at Luceria, but at the pass known
as the Caudine Forks.

SEQUITUR hunc annum nobilis clade Romana Caudina
pax T. Veturio Calvino, Sp. Postumio consulibus. Samnites eo anno imperatorem C. Pontium Herennii filium
habuerunt, patre longe prudentissimo natum, primum
ipsum bellatorem ducemque.

Is, ubi legati, qui ad dedendas res missi erant, pace infecta
redierunt, "ne nihil actum" inquit "hac legatione censeatis,
expiatum est quicquid ex foedere rupto irarum in nos cae-
lestium fuit. satis scio, quibuscunque dis cordi fuit subigi

10

nos ad necessitatem dedendi res, quae ab nobis ex foedere repetitae fuerant, iis non fuisse cordi tam superbe ab Romanis foederis expiationem spretam. quid enim ultra fieri ad placandos deos mitigandosque homines potuit, quam quod nos fecimus? res hostium in praeda captas, quae belli iure nostrae videbantur, remisimus; auctores belli, quia vivos non potuimus, perfunctos iam fato dedidimus; bona eorum, ne quid ex contagione noxae remaneret penes nos, Romam portavimus. quid ultra tibi, Romane, quid foederi, quid dis arbitris foederis debeo? quem tibi tuarum irarum, quem meorum suppliciorum iudicem feram? neminem neque populum neque privatum fugio.

"Quod si nihil cum potentiore iuris humani relinquitur inopi, at ego ad deos vindices intolerandae superbiae confugiam et precabor, ut iras suas vertant in eos, quibus non suae redditae res, non alienae accumulatae satis sint; quorum saevitiam non mors noxiorum, non deditio exanimatorum corporum, non bona sequentia domini deditionem exsatient, placari nequeant, nisi hauriendum sanguinem laniandaque viscera nostra praebuerimus. iustum est bellum, Samnites, quibus necessarium, et pia arma quibus nulla nisi in armis relinquitur spes. proinde, cum rerum humanarum maximum momentum sit, quam propitiis rem, quam adversis agant dis, pro certo habete, priora bella adversus deos magis quam homines gessisse, hoc, quod instat, ducibus ipsis dis gesturos."

Haec non laeta magis quam vera vaticinatus, exercitu educto, circa Caudium castra, quam potest occultissime, locat. inde ad Calatiam, ubi iam consules Romanos castraque esse audiebat, milites decem pastorum habitu mittit, pecoraque diversos, alium alibi, haud procul Romanis pascere iubet praesidiis; ubi inciderint in praedatores, ut idem omnibus sermo constet, legiones Samnitium in Apulia esse, Luceriam omnibus copiis circumsedere, nec procul abesse, quin vi capiant. iam is rumor ante de industria vulgatus venerat ad Romanos, sed fidem auxere captivi, eo maxime, quod sermo inter omnes congruebat. haud erat dubium, quin Lucerinis opem Romanus ferret, bonis ac fidelibus sociis, simul ne Apulia omnis ad praesentem terrorem deficeret; ea modo, qua irent, consultatio fuit.

Duae ad Luceriam ferebant viae: altera praeter oram superi maris, patens apertaque, sed quanto tutior, tanto fere longior; altera per Furculas Caudinas, brevior, sed ita natus locus est: saltus duo alti, angusti silvosique sunt, montibus circa perpetuis inter se iuncti. iacet inter eos satis patens clausus in medio campus herbidus aquosusque, per quem medium iter est; sed antequam venias ad eum, intrandae primae angustiae sunt et aut eadem, qua te insinuaveris, retro via repetenda aut, si ire porro pergas, per alium saltum artiorem impeditioremque evadendum.

In eum campum via alia per cavam rupem Romani demisso agmine cum ad alias angustias protinus pergerent, saeptas deiectu arborum saxorumque ingentium obiacente mole invenere. cum fraus hostilis apparuisset, praesidium etiam in summo saltu conspicitur. citati inde retro, qua venerant, pergunt repetere viam; eam quoque clausam sua obice armisque inveniunt. sistunt inde gradum sine ullius imperio, stuporque omnium animos ac velut torpor quidam insolitus membra tenet, intuentesque alii alios, cum alterum quisque compotem magis mentis ac consilii ducerent, diu immobiles silent; deinde, ubi praetoria consulum erigi videre et expedire quosdam utilia operi, quanquam ludibrio

fore munientes perditis rebus ac spe omni adempta cerne-
bant, tamen, ne culpam malis adderent, pro se quisque,
nec hortante ullo nec imperante, ad muniendum versi castra
propter aquam vallo circumdant, sua ipsi opera laboremque
irritum, praeterquam quod hostes superbe increpabant, cum
miserabili confessione eludentes.

Ad consules maestos, ne advocantes quidem in consilium,
quando nec consilio nec auxilio locus esset, sua sponte
legati ac tribuni conveniunt, militesque ad praetorium versi
opem, quam vix di immortales ferre poterant, ab ducibus
exposcunt.

Querentes magis quam consultantes nox oppressit, cum
pro ingenio quisque fremerent, alius: "per obices viarum,
per adversa montium, per silvas, qua ferri arma poterunt,
eamus, modo ad hostem pervenire liceat, quem per annos
iam prope triginta vincimus: omnia aequa et plana erunt
Romano in perfidem Samnitem pugnanti"; alius: "quo aut
qua eamus? num montes moliri sede sua paramus? dum
haec imminebunt iuga, qua tu ad hostem venies? armati,
inermes, fortes, ignavi, pariter omnes capti atque victi
sumus. ne ferrum quidem ad bene moriendum oblaturus
est hostis: sedens bellum conficiet." his in vicem sermoni-
bus qua cibi, qua quietis immemor nox traducta est.

Ne Samnitibus quidem consilium in tam laetis suppe-
tebat rebus; itaque universi Herennium Pontium, patrem
imperatorem, per litteras consulendum censent. iam is
gravis annis non militaribus solum, sed civilibus quoque
abscesserat muneribus; in corpore tamen affecto vigebat
vis animi consiliique.

Is ubi accepit ad Furculas Caudinas inter duos saltus
clausos esse exercitus Romanos, consultus ab nuntio filii

censuit, omnes inde quam primum inviolatos dimittendos.
quae ubi spreta sententia est, iterumque eodem remeante
nuntio consulebatur, censuit ad unum omnes interficiendos,
quae ubi tam discordia inter se velut ex ancipiti oraculo
responsa data sunt, quanquam filius ipse in primis iam
animum quoque patris consenuisse in affecto corpore re-
batur, tamen consensu omnium victus est, ut ipsum in
consilium acciret.

Nec gravatus senex plaustro in castra dicitur advectus,
vocatusque in consilium ita ferme locutus esse, ut nihil
sententiae suae mutaret, causas tantum adiiceret : priore se
consilio, quod optimum duceret, cum potentissimo populo
per ingens beneficium perpetuam firmare pacem amici-
tiamque; altero consilio in multas aetates, quibus, amissis
duobus exercitibus, haud facile receptura vires Romana
res esset, bellum differre; tertium nullum consilium esse.

Cum filius aliique principes percontando exsequerentur,
quid, si media via consilii caperetur, ut et dimitterentur
incolumes et leges iis iure belli victis imponerentur, "ista
quidem sententia" inquit "ea est, quae neque amicos parat
nec inimicos tollit. servate modo, quos ignominia irrita-
veritis; ea est Romana gens, quae victa quiescere nesciat.
vivet semper in pectoribus illorum, quicquid istuc praesens
necessitas inusserit, nec eos ante multiplices poenas ex-
petitas a vobis quiescere sinet."

Neutra sententia accepta, Herennius domum e castris
est avectus; et in castris Romanis cum frustra multi conatus
ad erumpendum capti essent et iam omnium rerum inopia
esset, victi necessitate legatos mittunt, qui primum pacem
aequam peterent; si pacem non impetrarent, uti provo-
carent ad pugnam. tum Pontius debellatum esse respondit,

et, quoniam ne victi quidem ac capti fortunam fateri
scirent, inermes cum singulis vestimentis sub iugum mis-
surum; alias condiciones pacis aequas victis ac victoribus
fore: si agro Samnitium decederetur, coloniae abduce-
rentur, suis inde legibus Romanum ac Samnitem aequo
foedere victurum; his condicionibus paratum se esse foedus
cum consulibus ferire; si quid eorum displiceat, legatos
redire ad se vetuit.

Haec cum legatio renuntiaretur, tantus gemitus omnium
subito exortus est tantaque maestitia incessit, ut non gravius
accepturi viderentur, si nuntiaretur omnibus eo loco
mortem oppetendam esse.

The consuls are forced to go to Pontius and accept his
terms.

Redintegravit luctum in castris consulum adventus, quorum
temeritate in eum locum deducti essent, quorum ignavia
foedius inde, quam venissent, abituri: illis non ducem
locorum, non exploratorem fuisse; beluarum modo caecos
in foveam lapsos. alii alios intueri; contemplari arma
mox tradenda et inermes futuras dextras obnoxiaque
corpora hosti; proponere sibimet ipsi ante oculos iugum
hostile et ludibria victoris et vultus superbos et per armatos
inermium iter, inde foedi agminis miserabilem viam per
sociorum urbes, reditum in patriam ad parentes, quo saepe
ipsi maioresque eorum triumphantes venissent: se solos sine
vulnere, sine ferro, sine acie victos; sibi non stringere
licuisse gladios, non manum cum hoste conferre; sibi
nequicquam animos datos.

Haec frementibus hora fatalis ignominiae advenit, omnia
tristiora experiundo factura, quam quae praeceperant animis.

15

iam primum cum singulis vestimentis inermes extra vallum
exire iussi, et primi traditi obsides atque in custodiam
abducti. tum a consulibus abire lictores iussi paludamenta-
que detracta; id tantam inter ipsos, qui paulo ante eos
exsecrantes dedendos lacerandosque censuerant, misera-
tionem fecit, ut suae quisque condicionis oblitus ab illa
deformatione tantae maiestatis velut ab nefando spectaculo
averteret oculos.

Primo consules prope seminudi sub iugum missi; tum
ut quisque gradu proximus erat, ita ignominiae obiectus;
tum deinceps singulae legiones. circumstabant armati
hostes, exprobrantes eludentesque; gladii etiam plerisque
intentati, et vulnerati quidam necatique, si vultus eorum
indignitate rerum acrior victorem offendisset. ita traducti
sub iugum et, quod paene gravius erat, per hostium oculos
cum e saltu evasissent, etsi velut ab inferis extracti tum
primum lucem adspicere visi sunt, tamen ipsa lux ita
deforme intuentibus agmen omni morte tristior fuit.

[Bk. IX 1–6.]

HANNIBAL CROSSES THE ALPS

HANNIBAL is one of the most romantic figures in history.
It was a toss up whether Carthage or Rome should rule,
and the course of civilisation depended on the issue.
Though it was decidedly better that Scipio finally conquered Hannibal at Zama, 202 B.C., we must admire the
courage, tenacity and genius of the conquered. He had to
contend not only against the forces of nature, the fickle-
ness of mercenary troops and the might of Rome, but also
against strong opposition at Carthage itself.

His name shows his connection with Baal, the god of
the Philistines mentioned in the Old Testament. The

Carthaginians were Semites from Tyre and Sidon. Gustave Flaubert has written a brilliant novel about Carthage, called 'Salammbô'.

HANNIBAL ab Druentia campestri maxime itinere ad Alpes cum bona pace incolentium ea loca Gallorum pervenit. tum, quamquam fama prius, qua incerta in maius vero ferri solent, praecepta res erat, tamen ex propinquo visa montium altitudo nivesque caelo prope immixtae, tecta informia imposita rupibus, pecora iumentaque torrida frigore, homines intonsi et inculti, animalia inanimaliaque omnia rigentia gelu, cetera visu quam dictu foediora, terrorem renovarunt.

Erigentibus in primos agmen clivos apparuerunt imminentes tumulos insidentes montani, qui, si valles occultiores insedissent, coorti ad pugnam repente ingentem fugam stragemque dedissent.

Hannibal consistere signa iussit, Gallisque ad visenda loca praemissis postquam comperit transitum ea non esse, castra inter confragosa omnia praeruptaque quam extentissima potest valle locat. tum per eosdem Gallos haud sane multum lingua moribusque abhorrentes, cum se immiscuissent colloquiis montanorum, edoctus, interdiu tantum obsideri saltum, nocte in sua quemque dilabi tecta, luce prima subiit tumulos ut ex aperto atque interdiu vim per angustias facturus.

Die deinde simulando aliud quam quod parabatur consumpto, cum eodem quo constiterant loco castra communissent, ubi primum digressos tumulis montanos laxatasque sensit custodias, pluribus ignibus quam pro numero manentium in speciem factis impedimentisque cum equite relictis et maxima parte peditum, ipse cum expeditis (acerrimo quoque viro) raptim angustias evadit eisque ipsis tumulis, quos hostes tenuerant, consedit. prima deinde luce castra mota et agmen reliquum incedere coepit.

Iam montani signo dato ex castellis ad stationem solitam conveniebant, cum repente conspiciunt alios, arce occupata sua, super caput imminentes, alios via transire hostes. utraque simul obiecta res oculis animisque immobiles parumper eos defixit; deinde, ut trepidationem in angustiis suoque ipsum tumultu misceri agmen videre, equis maxime consternatis, quidquid adiecissent ipsi terroris satis ad perniciem fore rati, perversis rupibus iuxta invia ac devia adsueti decurrunt.

Tum vero simul ab hostibus simul ab iniquitate locorum Poeni oppugnabantur, plusque inter ipsos, sibi quoque tendente ut periculo prius evaderet, quam cum hostibus certaminis erat. et equi maxime infestum agmen faciebant, qui et clamoribus dissonis, quos nemora etiam repercussaeque valles augebant, territi trepidabant, et icti forte aut vulnerati adeo consternabantur, ut stragem ingentem simul hominum ac sarcinarum omnis generis facerent. multosque turba, cum praecipites diruptaeque utrimque angustiae essent, in immensum altitudinis deiecit, quosdam et armatos; sed ruinae maxime modo iumenta cum oneribus devolvebantur.

Quae cum foeda visu erant, stetit parumper tamen Hannibal ac suos continuit, ne tumultum ac trepidationem augeret; deinde, postquam interrumpi agmen vidit periculumque esse ne exutum impedimentis exercitum nequiquam incolumem traduxisset, decurrit ex superiore loco et, cum impetu ipso fudisset hostem, suis quoque tumultum auxit. sed is tumultus momento temporis, postquam liberata

18

itinera fuga montanorum erant, sedatur, nec per otium modo sed prope silentio mox omnes traducti.

Castellum inde, quod caput eius regionis erat, viculosque circumiectos capit, et captivo ac pecoribus per triduum exercitum aluit, et quia nec montanis primo perculsis nec loco magnopere impediebantur, aliquantum eo triduo viae confecit.

Perventum inde ad frequentem cultoribus alium, ut inter montanos, populum. ibi non bello aperto sed suis artibus, fraude et insidiis, est prope circumventus.

Magno natu principes castellorum oratores ad Poenum veniunt, alienis malis, utili exemplo, doctos memorantes amicitiam malle quam vim experiri Poenorum, itaque obedienter imperata facturos, commeatum itinerisque duces et ad fidem promissorum obsides acciperet. Hannibal nec temere credendum nec aspernandum ratus, ne repudiati aperte hostes fierent, benigne cum respondisset, obsidibus quos dabant acceptis et commeatu quem in viam ipsi detulerant usus, nequaquam ut inter pacatos, composito agmine duces eorum sequitur. primum agmen elephanti et equites erant, ipse post cum robore peditum circum-spectans sollicitusque omnia incedebat.

Ubi in angustiorem viam et parte altera subiectam iugo insuper imminenti ventum est, undique ex insidiis barbari a fronte ab tergo coorti comminus eminus petunt, saxa ingentia in agmen devolvunt. maxima ab tergo vis homi-num urgebat; in eos versa peditum acies haud dubium fecit quin, nisi firmata extrema agminis fuissent, ingens in eo saltu accipienda clades fuerit.

Tunc quoque ad extremum periculi ac prope perniciem ventum est; nam dum cunctatur Hannibal dimittere agmen

2-2

in angustias, quia non, ut ipse equitibus praesidio erat, ita
peditibus quicquam ab tergo auxilii reliquerat, occursantes
per obliqua montani interrupto medio agmine viam insedere,
noxque una Hannibali sine equitibus atque impedimentis
acta est.

Postero die, iam segnius intercursantibus barbaris, iunc-
tae copiae saltusque haud sine clade, maiore tamen iumen-
torum quam hominum pernicie, superatus. inde montani
pauciores iam et latrocinii magis quam belli more concur-
sabant, modo in primum modo in novissimum agmen,
utcumque aut locus opportunitatem daret aut progressi
morative aliquam occasionem fecissent. elephanti, sicut
per arctas praecipites vias magna mora agebantur, ita tutum
ab hostibus quacumque incederent, quia insuetis adeundi
propius metus erat, agmen praebebant.

Nono die in iugum Alpium perventum est per invia
pleraque et errores, quos aut ducentium fraus aut, ubi fides
eis non esset, temere initae valles a coniectantibus iter
faciebant. biduum in iugo stativa habita fessisque labore
ac pugnando quies data militibus; iumentaque aliquot,
quae prolapsa in rupibus erant, sequendo vestigia agminis
in castra pervenere.

Fessis taedio tot malorum nivis etiam casus occidente
iam sidere Vergiliarum ingentem terrorem adiecit. per
omnia nive oppleta cum, signis prima luce motis, segniter
agmen incederet, pigritiaque et desperatio in omnium vultu
emineret, praegressus signa Hannibal in promontorio quodam, unde longe ac late prospectus erat, consistere iussis
militibus Italiam ostentat subiectosque Alpinis montibus
Circumpadanos campos, moeniaque eos tum transcendere
non Italiae modo sed etiam urbis Romanae. cetera plana

proclivia fore, uno aut summum altero proelio arcem et caput Italiae in manu ac potestate habituros. procedere inde agmen coepit, iam nihil ne hostibus quidem praeter parva furta per occasionem temptantibus.

Ceterum iter multo quam in ascensu fuerat, ut pleraque Alpium ab Italia sicut breviora ita arrectiora sunt, difficilius fuit. omnis enim ferme via praeceps angusta lubrica erat, ut neque sustinere se a lapsu possent, nec, qui paulum titubassent, haerere adflicti vestigio suo, aliique super alios et iumenta et homines occiderent.

Ventum deinde ad multo angustiorem rupem atque ita rectis saxis, ut aegre expeditus miles temptabundus manibusque retinens virgulta ac stirpes circa eminentes demittere sese posset. natura locus iam ante praeceps, recenti lapsu terrae in pedum mille admodum altitudinem abruptus erat. ibi velut ad finem viae equites cum constitissent, miranti Hannibali quae res moraretur agmen, nuntiatur rupem inviam esse.

Digressus deinde ipse ad locum visendum. haud dubia res visa quin per invia circa nec trita antea quamvis longo ambitu circumduceret agmen. ea vero via insuperabilis fuit. nam cum super veterem nivem intactam nova modicae altitudinis esset, molli nec praealtae facile pedes ingredientium insistebant; ut vero tot hominum iumentorumque incessu dilapsa est, per nudam infra glaciem fluentemque tabem liquescentis nivis ingrediebantur.

Taetra ibi luctatio erat ut a lubrica glacie non recipiente vestigium et in prono citius pedes fallente, ut, seu manibus in adsurgendo seu genu se adiuvissent, ipsis adminiculis prolapsis iterum corruerent. nec stirpes circa radicesve, ad quas pede aut manu quisquam eniti posset, erant, ita in levi

tantum glacie tabidaque nive volutabantur. iumenta seca-
bant interdum etiam tamen infimam ingredientia nivem,
et prolapsa iactandis gravius in connitendo ungulis penitus
perfringebant, ut pleraque velut pedica capta haererent in
dura et alta concreta glacie.

Tandem nequiquam iumentis atque hominibus fatigatis
castra in iugo posita, aegerrime ad id ipsum loco purgato,
tantum nivis fodiendum atque egerendum fuit. inde ad
rupem muniendam, per quam unam via esse poterat,
milites ducti, cum caedendum esset saxum, arboribus circa
immanibus deiectis detruncatisque struem ingentem lig-
norum faciunt, eamque, cum et vis venti apta faciendo igni
coorta esset, succendunt, ardentiaque saxa infuso aceto
putrefaciunt. ita torridam incendio rupem ferro pandunt
molliuntque anfractibus modicis clivos, ut non iumenta
solum sed elephanti etiam deduci possent.

Quadriduum circa rupem consumptum, iumentis prope
fame absumptis. nuda enim fere cacumina sunt et, si quid
est pabuli, obruunt nives. inferiora valles apricos quosdam
colles habent, rivosque prope silvas et iam humano cultu
digniora loca. ibi iumenta in pabulum missa et quies muni-
endo fessis hominibus data triduo. inde ad planum descensus
et iam locis mollioribus et accolarum ingeniis.

[Bk. XXI 32–37.]

BATTLE AT LAKE TRASIMENE

After crossing the Alps, Hannibal met the Romans under
Scipio and defeated them at the Ticinus and the Trebia.
Scipio himself was severely wounded. Hannibal was then
confronted by the consul Flaminius with a large army at
lake Trasimene in Etruria, 217 B.C.

HANNIBAL quod agri est inter Cortonam urbem Trasu-
mennumque lacum omni clade belli pervastat, quo magis

iram hosti ad vindicandas sociorum iniurias acuat. et iam pervenerant ad loca nata insidiis, ubi maxime montes Cortonenses Trasumennus subit : via tantum interest perangusta velut ad id ipsum de industria relicto spatio : deinde paulo latior patescit campus, inde colles adsurgunt.

Ibi castra in aperto locat, ubi ipse cum Afris modo Hispanisque consideret. Baleares ceteramque levem armaturam post montes circumducit, equites ad ipsas fauces saltus tumulis apte tegentibus locat, ut, ubi intrassent Romani, obiecto equitatu clausa omnia lacu ac montibus essent.

Flaminius cum pridie solis occasu ad lacum pervenisset, inexplorato postero die vixdum satis certa luce angustiis superatis, postquam in patentiorem campum pandi agmen coepit, id tantum hostium quod ex adverso erat conspexit; ab tergo ac super caput decepere insidiae.

Poenus ubi, id quod petierat, clausum lacu ac montibus et circumfusum suis copiis habuit hostem, signum omnibus dat simul invadendi. qui ubi qua cuique proximum fuit decucurrerunt, eo magis Romanis subita atque improvisa res fuit, quod orta ex lacu nebula campo quam montibus densior sederat, agminaque hostium ex pluribus collibus ipsa inter se satis conspecta eoque magis pariter decucurrerant.

Romanus clamore prius undique orto quam satis cerneret, se circumventum esse sensit, et ante in frontem lateraque pugnari coeptum est quam satis instrueretur acies aut expediri arma stringique gladii possent.

Consul, perculsis omnibus, ipse satis ut in re trepida impavidus turbatos ordines—vertente se quoque ad dissonos clamores—instruit, ut tempus locusque patitur, et, quacum-

23

que adire audirique potest, adhortatur ac stare ac pugnare
iubet; nec enim inde votis aut imploratione deum sed vi
ac virtute evadendum esse; per medias acies ferro viam
fieri et, quo timoris minus sit, eo minus ferme periculi
esse.

Ceterum prae strepitu ac tumultu nec consilium nec
imperium accipi poterat, tantumque aberat ut sua signa
atque ordines et locum noscerent, ut vix ad arma capienda
aptandaque pugnae competeret animus opprimerenturque
quidam onerati magis his quam tecti. et erat in tanta
caligine maior usus aurium quam oculorum: ad gemitus
vulnerum ictusque corporum aut armorum et mixtos
strepentium paventiumque clamores circumferebant ora
oculosque: alii fugientes pugnantium globo illati haerebant,
alios redeuntes in pugnam avertebat fugientium agmen.

Deinde, ubi in omnes partes nequicquam impetus capti,
et ab lateribus montes ac lacus, a fronte et ab tergo hostium
acies claudebat, apparuitque nullam nisi in dextra ferroque
salutis spem esse, tum sibi quisque dux adhortatorque factus
ad rem gerendam et nova de integro exorta pugna est—non
illa ordinata per principes hastatosque ac triarios, nec ut
pro signis antesignani post signa alia pugnaret acies, nec
ut in sua legione miles aut cohorte aut manipulo esset:
fors conglobat et animus suus cuique ante aut post pugnandi
ordinem dabat; tantusque fuit ardor armorum, adeo intentus pugnae animus, ut eum motum terrae, qui multarum
urbium Italiae magnas partes prostravit avertitque cursu
rapidos amnes, mare fluminibus invexit, montes lapsu
ingenti proruit, nemo pugnantium senserit.

Tres ferme horas pugnatum est et ubique atrociter.
circa consulem tamen acrior infestiorque pugna est: eum

et robora virorum sequebantur, et ipse, quacumque in parte
premi ac laborare senserat suos, impigre ferebat opem ;
insignemque armis et hostes summa vi petebant et tueban-
tur cives, donec Insuber eques (Ducario nomen erat) facie
quoque noscitans consulem "En" inquit "hic est" popularibus suis, "qui legiones nostras cecidit agrosque et urbem
est depopulatus! iam ego hanc victimam Manibus peremp-
torum foede civium dabo" : subditisque calcaribus equo per
confertissimam hostium turbam impetum facit, obtrunca-
toque prius armigero, qui se infesto venienti obviam
obiecerat, consulem lancea transfixit. spoliare cupientem
triarii obiectis scutis arcuere.

Magnae partis fuga inde primum coepit ; et iam nec lacus
nec montes pavori obstabant. per omnia arcta praeruptaque
velut caeci evadunt, armaque et viri super alium alii prae-
cipitantur. pars magna, ubi locus fugae deest, per prima
vada paludis in aquam progressi, quoad capitibus humeris-
que exstare possunt, sese immergunt. fuere, quos inconsultus pavor nando etiam capessere fugam impulerit, quae
ubi immensa ac sine spe erat, aut deficientibus animis
hauriebantur gurgitibus, aut nequicquam fessi vada retro
aegerrime repetebant, atque ibi ab ingressis aquam hostium
equitibus passim trucidabantur.

Sex milia ferme primi agminis per adversos hostes
eruptione impigre facta, ignari omnium quae post se
agerentur, ex saltu evasere, et cum in tumulo quodam
constitissent, clamorem modo ac sonum armorum audi-
entes, quae fortuna pugnae esset, neque scire nec perspicere
prae caligine poterant. inclinata denique re, cum incales-
cente sole dispulsa nebula aperuisset diem, tum liquida iam
luce montes campique perditas res stratamque ostendere

25

foede Romanam aciem. itaque, ne in conspectos procul immitteretur eques, sublatis raptim signis quam citatissimo poterant agmine sese abripuerunt.

Postero die, cum super cetera extrema fames etiam instaret, fidem dante Maharbale, qui cum omnibus eques- tribus copiis nocte consecutus erat, si arma tradidissent abire cum singulis vestimentis passurum, sese dediderunt: quae Punica religione servata fides ab Hannibale est, atque in vincula omnes coniecit.

Haec est nobilis ad Trasumennum pugna atque inter paucas memorata populi Romani clades. quindecim milia Romanorum in acie caesa sunt: decem milia sparsa fuga per omnem Etruriam diversis itineribus urbem petiere: duo milia quingenti hostium in acie, multi post ea utrimque ex vulneribus periere. multiplex caedes utrimque facta traditur ab aliis. ego, praeterquam quod nihil auctum ex vano velim, quo nimis inclinant ferme scribentium animi, Fabium aequalem temporibus huiusce belli potissimum auctorem habui.

Hannibal captivorum, qui Latini nominis essent, sine pretio dimissis, Romanis in vincula datis, segregata ex hostium coacervatorum cumulis corpora suorum cum sepe- liri iussisset, Flaminii quoque corpus funeris causa magna cum cura inquisitum non invenit.

Romae ad primum nuntium cladis eius cum ingenti terrore ac tumultu concursus in forum populi est factus. matronae vagae per vias, quae repens clades adlata quaeve fortuna exercitus esset, obvios percunctantur; et cum fre- quentis contionis modo turba in comitium et curiam versa magistratus vocaret, tandem haud multo ante solis occasum M. Pomponius praetor "Pugna" inquit "magna victi

sumus"; et quamquam nihil certius ex eo auditum est,
tamen alius ab alio impleti rumoribus domos referunt,
consulem cum magna parte copiarum caesum, superesse
paucos aut fuga passim per Etruriam sparsos aut captos ab
hoste.

Quot casus exercitus victi fuerant, tot in curas dispertiti
animi eorum erant, quorum propinqui sub C. Flaminio
consule meruerant, ignorantium, quae cuiusque suorum
fortuna esset; nec quisquam satis certum habet, quid aut
speret aut timeat.

Postero ac deinceps aliquot diebus ad portas maior prope
mulierum quam virorum multitudo stetit, aut suorum
aliquem aut nuntios de eis opperiens; circumfundebantur-
que obviis sciscitantes neque avelli utique ab notis prius
quam ordine omnia inquisissent poterant. inde varios vultus
digredientium ab nuntiis cerneres, ut cuique laeta aut tristia
nuntiabantur, gratulantesque aut consolantes redeuntibus
domos circumfusos.

Feminarum praecipue et gaudia insignia erant et luctus.
unam in ipsa porta sospiti filio repente oblatam in conspectu eius exspirasse ferunt. alteram, cui mors filii falso
nuntiata erat, maestam sedentem domi ad primum con-
spectum redeuntis filii gaudio nimio exanimatam. senatum
praetores per dies aliquot ab orto usque ad occidentem solem
in curia retinent, consultantes, quonam duce aut copiis
quibus resisti victoribus Poenis posset.

[Bk. xxii 4–7.]

OVID

PUBLIUS OVIDIUS NASO (43 B.C.–A.D. 18) had a remarkable gift for writing fluent verse. Like Pope, he "lisped in numbers for the numbers came." His father wished him to become an advocate and feared the poverty so often associated with a poet's calling. But although he took some part in public affairs, poetry was the main interest of his life. He became a well-known figure in Rome and was regarded with favour by Augustus. Yet in A.D. 1 he was banished to Tomi, a desolate spot on the Black Sea. The exact reason why he had incurred the Emperor's displeasure is not known.

In his works he tells us much that is of interest about his own life, especially about his banishment and unhappiness amongst a barbarous people. He is most attractive as an easy and graceful story teller. In the *Fasti*, a sort of calendar with appropriate myths, and in the *Metamorphoses*, a collection of legends which involve some transformation, he has many a winning tale which he tells with great skill, though at times his facility needs pruning. Chaucer greatly admired his work and was influenced by it.

PHAETHON DRIVES THE CHARIOT
OF THE SUN

REGIA Solis erat sublimibus alta columnis,
clara micante auro flammasque, imitante pyropo;
cuius ebur nitidum fastigia summa tenebat:
argenti bifores radiabant lumine valvae.
quo simul acclivo Clymeneia limite proles
venit, et intravit dubitati tecta parentis;
protinus ad patrios sua fert vestigia vultus,
consistitque procul; neque enim propiora ferebat

lumina. purpurea velatus veste sedebat
in solio Phoebus claris lucente smaragdis.
a dextra laevaque Dies et Mensis et Annus,
Saeculaque, et positae spatiis aequalibus Horae;
Verque novum stabat cinctum florente corona:
stabat nuda Aestas et spicea serta gerebat.
stabat et Autumnus calcatis sordidus uvis,
et glacialis Hiems canos hirsuta capillos.
   Inde loco medius rerum novitate paventem
Sol oculis iuvenem quibus aspicit omnia vidit.
"quaeque viae tibi causa? quid hac" ait "arce petisti?
progenies, Phaethon, haud infitianda parenti?"
ille refert "o lux immensi publica mundi,
Phoebe pater, si das huius mihi nominis usum,
nec falsa Clymene culpam sub imagine celat;
pignora da, genitor, per quae tua vera propago
credar et hunc animis errorem detrahe nostris."
   Dixerat; at genitor circum caput omne micantes
deposuit radios, propiusque accedere iussit,
amplexuque dato, "nec tu meus esse negari
dignus es, et Clymene veros" ait "edidit ortus.
quoque minus dubites, quodvis pete munus, ut illud
me tribuente feras. promissis testis adesto
Dis iuranda palus, oculis incognita nostris."
   Vix bene desierat, currus rogat ille paternos,
inque diem alipedum ius et moderamen equorum.
paenituit iurasse patrem, qui terque quaterque
concutiens illustre caput, "temeraria" dixit
"vox mea facta tua est. utinam promissa liceret
non dare! confiteor solum hoc tibi, nate, negarem.
dissuadere licet. non est tua tuta voluntas.

magna petis, Phaethon, et quae nec viribus istis
munera conveniant, nec tam puerilibus annis.
sors tua mortalis: non est mortale quod optas.
plus etiam, quam quod Superis contingere fas sit,
nescius affectas: placeat sibi quisque licebit;
non tamen ignifero quisquam consistere in axe
me valet excepto. vasti quoque rector Olympi,
qui fera terribili iaculatur fulmina dextra,
non agat hos currus. et quid Iove maius habemus?

"Ardua prima via est, et qua vix mane recentes
enitantur equi: medio est altissima caelo,
unde mare et terras ipsi mihi saepe videre
fit timor, et pavida trepidat formidine pectus.
ultima prona via est, et eget moderamine certo.
tunc etiam, quae me subiectis excipit undis,
ne ferar in praeceps, Tethys solet ipsa vereri.
adde quod assidua rapitur vertigine caelum,
sideraque alta trahit, celerique volumine torquet.
nitor in adversum, nec me, qui cetera, vincit
impetus, et rapido contrarius evehor orbi.

"Denique quidquid habet dives circumspice mundus,
eque tot ac tantis caeli terraeque marisque
posce bonis aliquid: nullam patiere repulsam.
deprecor hoc unum, quod vero nomine poena,
non honor est. poenam, Phaethon, pro munere poscis.
quid mea colla tenes blandis, ignare, lacertis?
ne dubita, dabitur (Stygias iuravimus undas)
quodcunque optaris: sed tu sapientius opta."

Finierat monitus. dictis tamen ille repugnat,
propositumque tenet, flagratque cupidine currus.
ergo, qua licuit genitor cunctatus, ad altos

deducit iuvenem Vulcania munera currus.
aureus axis erat, temo aureus, aurea summae
curvatura rotae; radiorum argenteus ordo.
per iuga chrysolithi, positaeque ex ordine gemmae,
clara repercusso reddebant lumina Phoebo.

Dumque ea magnanimus Phaethon miratur opusque
perspicit, ecce vigil rutilo patefecit ab ortu
purpureas Aurora fores, et plena rosarum
atria. diffugiunt stellae, quarum agmina cogit
Lucifer, et caeli statione novissimus exit.

At pater ut terras mundumque rubescere vidit,
cornuaque extremae velut evanescere Lunae,
iungere equos Titan velocibus imperat Horis.
iussa deae celeres peragunt, ignemque vomentes
ambrosiae succo saturos praesepibus altis
quadrupedes ducunt, adduntque sonantia frena.
tum pater ora sui sacro medicamine nati
contigit, et rapidae fecit patientia flammae.
imposuitque comae radios; praesagaque luctus
pectore sollicito repetens suspiria, dixit:
"si potes hic saltem monitis parere paternis,
parce, puer, stimulis, et fortius utere loris.
sponte sua properant. labor est inhibere volentes;
nec tibi directos placeat via quinque per arcus.
sectus in obliquum est lato curvamine limes.
zonarumque trium contentus fine, polumque
effugito australem, iunctamque aquilonibus Arcton.
hac sit iter: manifesta rotae vestigia cernes.
utque ferant aequos et caelum et terra calores,
nec preme nec summum molire per aethera currum.
altius egressus caelestia tecta cremabis;

31

OVID

inferius terras: medio tutissimus ibis."
    Occupat ille levem iuvenili corpore currum,
statque super, manibusque datas contingere habenas
gaudet, et invito grates agit inde parenti.
interea volucres Pyroeis et Eous et Aethon,
Solis equi, quartusque Phlegon, hinnitibus auras
flammiferis implent, pedibusque repagula pulsant.
quae postquam Tethys, fatorum ignara nepotis,
reppulit, et facta est immensi copia mundi,
corripuere viam, pedibusque per aera motis
obstantes findunt nebulas, pennisque levati
praetereunt ortos isdem de partibus Euros.
sed leve pondus erat, nec quod cognoscere possent
Solis equi; solitaque iugum gravitate carebat.
utque labant curvae iusto sine pondere naves,
perque mare instabiles nimia levitate feruntur;
sic onere assueto vacuos dat in aera saltus,
succutiturque alte, similisque est currus inani.
quod simul ac censere, ruunt tritumque relinquunt
quadriiugi spatium; nec, quo prius, ordine currunt.
    Ipse pavet; nec qua commissas flectat habenas,
nec scit qua sit iter, nec, si sciat, imperet illis.
    Tum primum radiis gelidi caluere Triones,
et vetito frustra tentarunt aequore tingi.
quaeque polo posita est glaciali proxima serpens,
frigore pigra prius, nec formidabilis ulli,
incaluit sumpsitque novas fervoribus iras.
te quoque turbatum memorant fugisse, Boote;
quamvis tardus eras, et te tua plaustra tenebant.
    Ut vero summo despexit ab aethere terras
infelix Phaethon, penitus penitusque patentes,

32

palluit, et subito genua intremuere timore,
suntque oculis tenebrae per tantum lumen obortae.
et iam mallet equos nunquam tetigisse paternos.
quid faciat? multum caeli post terga relictum:
ante oculos plus est. animo metitur utrumque.
et modo, quos illi fato contingere non est,
prospicit occasus: interdum respicit ortus.
quidque agat ignarus stupet, et nec frena remittit,
nec retinere valet, nec nomina novit equorum.
  Sparsa quoque in vario passim miracula caelo,
vastarumque videt trepidus simulacra ferarum.
est locus in geminos ubi brachia concavat arcus
Scorpius, et cauda flexisque utrinque lacertis.
porrigit in spatium signorum membra duorum.
hunc puer ut nigri madidum sudore veneni
vulnera curvata minitantem cuspide vidit,
mentis inops, gelida formidine lora remisit.
quae postquam summum tetigere iacentia tergum,
exspatiantur equi, nulloque inhibente per auras
ignotae regionis eunt, quaque impetus egit
hac sine lege ruunt, altoque sub aethere fixis
incursant stellis, rapiuntque per avia currum.
et modo summa petunt, modo per decliva, viasque
praecipites spatio terrae propiore feruntur.
inferiusque suis fraternos currere Luna
admiratur equos, ambustaque nubila fumant.
  Corripitur flammis, ut quaeque altissima, tellus;
fissaque agit rimas, et succis aret ademptis.
pabula canescunt: cum frondibus uritur arbos,
materiamque suo praebet seges arida damno.
parva queror. magnae pereunt cum moenibus urbes;

cumque suis totas populis incendia gentes
in cinerem vertunt. silvae cum montibus ardent.

Tunc vero Phaethon cunctis e partibus orbem
aspicit accensum, nec tantos sustinet aestus;
ferventesque auras, velut e fornace profunda,
ore trahit; currusque suos candescere sentit.
et neque iam cineres eiectatamque favillam
ferre potest, calidoque involvitur undique fumo.
quoque eat, aut ubi sit, picea caligine tectus
nescit, et arbitrio volucrum raptatur equorum.

Alma tamen Tellus, ut erat circumdata ponto,
inter aquas pelagi, contractos undique fontes,
qui se condiderant in opacae viscera matris,
sustulit omniferos collo tenus arida vultus;
opposuitque manum fronti, magnoque tremore
omnia concutiens paullum subsedit, et infra,
quam solet esse, fuit; siccaque ita voce locuta est.

"Si placet hoc, meruique, quid o tua fulmina cessant,
summe deum? liceat periturae viribus ignis,
igne perire tuo, clademque auctore levare.
fumat uterque polus; quos si vitiaverit ignis,
atria vestra ruent. Atlas en ipse laborat,
vixque suis humeris candentem sustinet axem.
si freta, si terrae pereunt, si regia caeli,
in chaos antiquum confundimur. eripe flammis,
si quid adhuc superest, et rerum consule summae."
dixerat haec Tellus, neque enim tolerare vaporem
ulterius potuit, nec dicere plura; suumque
rettulit os in se, propioraque manibus antra.

At pater omnipotens Superos testatus, et ipsum,
qui dederat currus, nisi opem ferat, omnia fato

34

interitura gravi, summam petit arduus arcem;
unde solet latis nubes inducere terris:
unde movet tonitrus, vibrataque fulmina iactat.
sed neque, quas posset terris inducere, nubes
tunc habuit; nec, quos caelo dimitteret, imbres.
intonat, et dextra libratum fulmen ab aure
misit in aurigam; pariterque animaque rotisque
expulit, et saevis compescuit ignibus ignes.
    Consternantur equi, et saltu in contraria facto
colla iugo excutiunt, abruptaque lora relinquunt.
illic frena iacent, illic temone revulsus
axis; in hac radii fractarum parte rotarum;
sparsaque sunt late laceri vestigia currus.
    At Phaethon, rutilos flamma populante capillos,
volvitur in praeceps, longoque per aera tractu
fertur; ut interdum de caelo stella sereno,
etsi non cecidit, potuit cecidisse videri.
quem procul a patria diverso maximus orbe
excipit Eridanus; spumantiaque abluit ora.
    Naiades Hesperiae trifida fumantia flamma ·
corpora dant tumulo, signantque hoc carmine saxum:
"Hic situs est Phaethon, currus auriga paterni;
quem si non tenuit, magnis tamen excidit ausis."

[Metam. II 1–328.]

DAEDALUS INVENTS WINGS

DAEDALUS was a clever sculptor and inventor. He and his
son Icarus lived with Minos, king of Crete, for whom he
constructed the famous labyrinth. The king refused to
allow Daedalus to leave Crete.

DAEDALUS interea Creten longumque perosus
exilium, tactusque soli natalis amore,
clausus erat pelago. "terras licet," inquit, "et undas

35

obstruat; at coelum certe patet. ibimus illac.
omnia possideat: non possidet aera Minos."
dixit, et ignotas animum dimittit in artes,
Naturamque novat. nam ponit in ordine pennas,
a minima coeptas, longam breviore sequenti,
ut clivo crevisse putes. sic rustica quondam
fistula disparibus paulatim surgit avenis.
tum lino medias, et ceris alligat imas.
atque ita compositas parvo curvamine flectit,
ut veras imitentur aves. puer Icarus una
stabat, et, ignarus sua se tractare pericla,
ore renidenti, modo quas vaga moverat aura,
captabat plumas, flavam modo pollice ceram
mollibat, lusuque suo mirabile patris
impediebat opus. postquam manus ultima coeptis
imposita est, geminas opifex libravit in alas
ipse suum corpus, motaque pependit in aura.
instruit et natum "medioque ut limite curras,
Icare," ait, "moneo; ne, si demissior ibis,
unda gravet pennas, si celsior, ignis adurat.
inter utrumque vola. neu te spectare Booten,
aut Helicen iubeo, strictumque Orionis ensem.
me duce carpe viam." pariter praecepta volandi
tradit, et ignotas humeris accommodat alas.
inter opus.monitusque genae maduere seniles,
et patriae tremuere manus. dedit oscula nato
non iterum repetenda suo; pennisque levatus
ante volat, comitique timet, velut ales ab alto
quae teneram prolem produxit in aera nido,
hortaturque sequi, damnosasque erudit artes:
et movet ipse suas, et nati respicit alas.

36

Hos aliquis tremula cum captat arundine pisces,
aut pastor baculo, stivave innixus arator,
vidit et obstipuit, quique aethera carpere possent,
credidit esse deos. et iam Iunonia laeva
parte Samos fuerant Delosque Parosque relictae.
dextra Lebynthos erant fecundaque melle Calymne;
cum puer audaci coepit gaudere volatu,
deseruit ducem, caelique cupidine tactus
altius egit iter. rapidi vicinia solis
mollit odoratas pennarum vincula ceras.
tabuerant cerae: nudos quatit ille lacertos,
remigioque carens non ullas percipit auras.
oraque caerulea patrium clamantia nomen
excipiuntur aqua, quae nomen traxit ab illo.
    At pater infelix, nec iam pater, "Icare," dixit,
"Icare" dixit "ubi es? qua te regione requiram?
Icare" dicebat. pennas aspexit in undis
devovitque suas artes, corpusque sepulcro
condidit, et tellus a nomine dicta sepulti.

[*Metam.* VIII 183-235.]

CERES AND PROSERPINE

CERES (the Greek Demeter) was the goddess of corn and
agriculture. The legend of her daughter Proserpine (Persephone) being carried off by Pluto and the mother's sorrow
during the part of the year she was absent represents the
course of the seasons.

TERRA tribus scopulis vastum procurrit in aequor
    Trinacris, a positu nomen adepta loci,
grata domus Cereri. multas ea possidet urbes
    in quibus est culto fertilis Henna solo.

37

frigida caelestum matres Arethusa vocarat:
  venerat ad sacras et dea flava dapes.
filia, consuetis ut erat comitata puellis,
  errabat nudo per sua prata pede.
valle sub umbrosa locus est aspergine multa
  uvidus ex alto desilientis aquae.
tot fuerant illic, quot habet natura, colores,
  pictaque dissimili flore nitebat humus.
quam simul aspexit, "comites, accedite!" dixit
  "et mecum plenos flore referte sinus!"
praeda puellares animos prolectat inanis,
  et non sentitur sedulitate labor.
haec implet lento calathos e vimine nexos,
  haec gremium, laxos degravat illa sinus.
illa legit calthas, huic sunt violaria curae,
  illa papavereas subsecat ungue comas.
has, hyacinthe, tenes: illas, amarante, moraris:
  pars thyma, pars casiam, pars meliloton amant.
plurima lecta rosa est; sunt et sine nomine flores.
  ipsa crocos tenues liliaque alba legit.
carpendi studio paulatim longius itur,
  et dominam casu nulla secuta comes.
hanc videt et visam patruus velociter aufert,
  regnaque caeruleis in sua portat equis.
illa quidem clamabat "io, carissima mater,
  auferor!" ipsa suos abscideratque sinus.
panditur interea Diti via, namque diurnum
  lumen inadsueti vix patiuntur equi.
at chorus aequalis, cumulatae flore ministrae,
  "Persephone," clamant "ad tua dona veni!"

38

ut clamata silet, montes ululatibus implent,
  et feriunt maestae pectora nuda manus.
attonita est plangore Ceres,—modo venerat Hennam—
  nec mora, "me miseram ! filia" dixit "ubi es ?"
mentis inops rapitur, quales audire solemus
  Threicias fusis Maenadas ire comis.
ut vitulo mugit sua mater ab ubere rapto,
  et quaerit fetus per nemus omne suos:
sic dea nec retinet gemitus, et concita cursu
  fertur, et e campis incipit, Henna, tuis.
inde puellaris nacta est vestigia plantae,
  et pressam noto pondere vidit humum;
forsitan illa dies erroris summa fuisset,
  si non turbassent signa reperta sues.

The goddess wanders over the world seeking her daughter
in vain. At length she comes to Attica.

Sub Iove duravit multis immota diebus,
  et lunae patiens et pluvialis aquae.
fors sua cuique loco est. quo nunc Cerialis Eleusin
  dicitur, hoc Celei rura fuere senis.
ille domum glandes excussaque mora rubetis
  portat, et arsuris arida ligna focis.
filia parva duas redigebat rupe capellas,
  et tener in cunis filius aeger erat.
"mater" ait virgo—mota est dea nomine matris—
  "quid facis in solis incomitata locis?"
restitit et senior, quamvis onus urget, et orat,
  tecta suae subeat quantulacumque casae.
illa negat. simularat anum, mitraque capillos
  presserat. instanti talia dicta refert:

39

"sospes eas, semperque parens! mihi filia rapta est.
  heu! melior quanto sors tua sorte mea est."
dixit, et ut lacrimae—neque enim lacrimare deorum est—
  decidit in tepidos lucida gutta sinus.
flent pariter molles animis virgoque senexque;
  e quibus haec iusti verba fuere senis:
"sic tibi, quam raptam quereris, sit filia sospes,
  surge, nec exiguae despice tecta casae."
cui dea "duc!" inquit "scisti, qua cogere posses";
  seque levat saxo, subsequiturque senem.
dux comiti narrat, quam sit sibi filius aeger,
  nec capiat somnos invigiletque malis.
illa soporiferum, parvos initura penates,
  colligit agresti lene papaver humo.
dum legit, oblito fertur gustasse palato,
  longamque imprudens exsoluisse famem.
quae quia principio posuit ieiunia noctis,
  tempus habent mystae sidera visa cibi.
limen ut intravit, luctus videt omnia plena,
  iam spes in puero nulla salutis erat.
matre salutata—mater Metanira vocatur—
  iungere dignata est os puerile suo.
pallor abit, subitasque vident in corpore vires;
  tantus caelesti venit ab ore vigor.
tota domus laeta est: hoc est, materque paterque
  nataque: tres illi tota fuere domus.
mox epulas ponunt, liquefacta coagula lacte
  pomaque et in ceris aurea mella suis.
abstinet alma Ceres, somnique papavera causas
  dat tibi cum tepido lacte bibenda, puer.
noctis erat medium placidique silentia somni:
  Triptolemum gremio sustulit illa suo,

terque manu permulsit eum, tria carmina dixit,
  carmina mortali non referenda sono,
inque foco corpus pueri vivente favilla
  obruit, humanum purget ut ignis onus.
excutitur somno stulte pia mater, et amens
  "quid facis?" exclamat, membraque ab igne rapit.
cui dea "dum non es," dixit "scelerata fuisti:
  irrita materno sunt mea dona metu.
iste quidem mortalis erit; sed primus arabit
  et seret et culta praemia tollet humo."
dixit, et egrediens nubem trahit, inque dracones
  transit, et aligero tollitur axe Ceres.
questa diu secum, sic est adfata Tonantem,
  maximaque in voltu signa dolentis erant:
"si memor es, de quo mihi sit Proserpina nata,
  dimidium curae debet habere tuae.
orbe pererrato sola est iniuria facti
  cognita; commissi praemia raptor habet.
at neque Persephone digna est praedone marito,
  nec gener hoc nobis more parandus erat.
quid gravius victore Gyge captiva tulissem,
  quam nunc te caeli sceptra tenente tuli?
verum impune ferat, nos haec patiemur inultae;
  reddat, et emendet facta priora novis."
Iuppiter hanc lenit, factumque excusat amore,
  "nec gener est nobis ille pudendus" ait.
"non ego nobilior: posita est mihi regia caelo;
  possidet alter aquas, alter inane chaos.
sed si forte tibi non est mutabile pectus,
  statque, semel iuncti rumpere vincla tori,
hoc quoque temptemus, siquidem ieiuna remansit;
  si minus, inferni coniugis uxor erit."

Tartara iussus adit sumptis Caducifer alis,
    speque redit citius visaque certa refert:
"rapta tribus" dixit "solvit ieiunia granis,
    Punica quae lento cortice poma tegunt."
haud secus indoluit, quam si modo rapta fuisset,
    maesta parens, longa vixque refecta mora est.
atque ita "nec nobis caelum est habitabile" dixit,
    "Taenaria recipi me quoque valle iube":
et factura fuit, pactus nisi Iuppiter esset,
    bis tribus ut caelo mensibus illa foret.
tum demum voltumque Ceres animumque recepit,
    imposuitque suae spicea serta comae;
largaque provenit cessatis messis in arvis,
    et vix congestas area cepit opes.

                        [Fasti IV 419–618.]

CACUS AND HERCULES

CACUS was a giant, son of Vulcan (Mulciber), who lived
on Mt. Aventine. Hercules has arrived in Italy with the
cattle he took from Geryon, a king of Spain, who lived in
Erythia, a small island in the bay of Cadiz.

PUPPIBUS egressus Latia stetit exul in herba,
    felix, exilium cui locus ille fuit!
nec mora longa fuit: stabant nova tecta, neque alter
    montibus Ausoniis Arcade maior erat.
ecce boves illuc Erytheidas applicat heros
    emensus longi claviger orbis iter.
dumque huic hospitium domus est Tegeaea, vagantur
    incustoditae laeta per arva boves.
mane erat: excussus somno Tirynthius actor
    de numero tauros sentit abesse duos.

nulla videt quaerens taciti vestigia furti:
  traxerat aversos Cacus in antra feros:
Cacus, Aventinae timor atque infamia silvae,
  non leve finitimis hospitibusque malum.
dira viro facies, vires pro corpore, corpus
  grande: pater monstri Mulciber huius erat;
proque domo longis spelunca recessibus ingens
  abdita, vix ipsis invenienda feris.
ora super postes affixaque brachia pendent,
  squalidaque humanis ossibus albet humus.
servata male parte boum Iove natus abibas:
  mugitum rauco furta dedere sono.
"accipio revocamen" ait, vocemque secutus
  impia per silvas victor ad antra venit.
ille aditum fracti praestruxerat obice montis;
  vix iuga movissent quinque bis illud opus.
nititur hic humeris,—caelum quoque sederat illis—
  et vastum motu conlabefactat onus.
quod simul eversum est, fragor aethera terruit ipsum,
  ictaque subsedit pondere molis humus.
prima movet Cacus collata proelia dextra,
  remque ferox saxis stipitibusque gerit.
quis ubi nil agitur, patrias male fortis ad artes
  confugit, et flammas ore sonante vomit.
quas quotiens proflat, spirare Typhoea credas
  et rapidum Aetnaeo fulgur ab igne iaci.
occupat Alcides, adductaque clava trinodis
  ter quater adversi sedit in ore viri.
ille cadit, mixtoque vomit cum sanguine fumos,
  et lato moriens pectore plangit humum.

[*Fasti* I 539–578.]

43

OVID

ARION AND THE DOLPHIN

ARION of Lesbos lived about 625 B.C. and was famous
as a bard and a player on the cithara.

QUOD MARE non novit, quae nescit Ariona tellus?
  carmine currentes ille tenebat aquas.
saepe sequens agnam lupus est a voce retentus,
  saepe avidum fugiens restitit agna lupum:
saepe canes leporesque umbra cubuere sub una,
  et stetit in saxo proxima cerva leae:
et sine lite loquax cum Palladis alite cornix
  sedit, et accipitri iuncta columba fuit.
Cynthia saepe tuis fertur, vocalis Arion,
  tamquam fraternis obstipuisse modis.
nomen Arionium Siculas impleverat urbes,
  captaque erat lyricis Ausonis ora sonis.
inde domum repetens puppem conscendit Arion,
  atque ita quaesitas arte ferebat opes.
forsitan, infelix, ventos undasque timebas;
  at tibi nave tua tutius aequor erat.
namque gubernator destricto constitit ense
  ceteraque armata conscia turba manu.
quid tibi cum gladio? dubiam rege, navita, puppem!
  non haec sunt digitis arma tenenda tuis.
ille, metu viduus, "mortem non deprecor" inquit,
  "sed liceat sumpta pauca referre lyra."
dant veniam, ridentque moram: capit ille coronam,
  quae possit crines, Phoebe, decere tuos.
induerat Tyrio bis tinctam murice pallam:
  reddidit icta suos pollice chorda sonos,

44

flebilibus numeris veluti canentia dura
    traiectus penna tempora cantat olor.
protinus in medias ornatus desilit undas,
    spargitur impulsa caerula puppis aqua.
inde—fide maius—tergo delphina recurvo
    se memorant oneri subposuisse novo.
ille sedens citharamque tenet, pretiumque vehendi,
    cantat et aequoreas carmine mulcet aquas.
Di pia facta vident: astris delphina recepit
    Iuppiter et stellas iussit habere novem.

[Fasti II 83–118.]

TARQUINIUS SUPERBUS

The stratagem by which Tarquinius Superbus, the seventh
and last king of Rome, took the town of Gabii, and an
incident during the siege of Ardea.

ULTIMA Tarquinius Romanae gentis habebat
    regna, vir iniustus, fortis ad arma tamen.
ceperat hic alias, alias everterat urbes,
    et Gabios turpi fecerat arte suos.
namque trium minimus, proles manifesta Superbi,
    in medios hostes nocte silente venit.
nudarant gladios: "occidite" dixit "inermem;
    hoc cupiant fratres Tarquiniusque pater,
qui mea crudeli laceravit verbere terga."
    dicere ut hoc posset, verbera passus erat.
luna fuit: spectant iuvenem, gladiosque recondunt,
    tergaque, deducta veste, notata vident;
flent quoque, et ut secum tueatur bella, precantur.
    callidus ignaris adnuit ille viris.

45

iamque potens, misso genitorem appellat amico,
    perdendi Gabios quod sibi monstret iter.
hortus odoratis suberat cultissimus herbis,
    sectus humum rivo lene sonantis aquae.
illic Tarquinius mandata latentia nati
    accipit, et virga lilia summa metit.
nuntius ut rediit, decussaque lilia dixit,
    filius "agnosco iussa parentis" ait.
nec mora: principibus caesis ex urbe Gabina,
    traduntur ducibus moenia nuda suis.
ecce, nefas visu, mediis altaribus anguis
    exit, et extinctis ignibus exta rapit.
consulitur Phoebus. sors est ita reddita, "matri
    qui dederit princeps oscula, victor erit."
oscula quisque suae matri properata tulerunt,
    non intellecto credula turba deo.
Brutus erat stulti sapiens imitator, ut esset
    tutus ab insidiis, dire Superbe, tuis.
ille iacens pronus matri dedit oscula Terrae,
    creditus offenso procubuisse pede.
cingitur interea Romanis Ardea signis,
    et patitur lentas obsidione moras.
dum vacat, et metuunt hostes committere pugnam,
    luditur in castris, otia miles agit.
Tarquinius iuvenis socios dapibusque meroque
    accipit. ex illis rege creatus ait:
"dum nos difficilis pigro tenet Ardea bello,
    nec sinit ad patrios arma referre deos,
ecquid in officio torus est socialis? et ecquid
    coniugibus nostris mutua cura sumus?"

46

quisque suam laudat. studiis certamina crescunt,
    et fervent multo linguaque corque mero.
surgit, cui dederat clarum Collatia nomen:
    "non opus est verbis: credite rebus!" ait.
"nox superest. tollamur equis, Urbemque petamus!"
    dicta placent, frenis impediuntur equi.
pertulerant dominos. regalia protinus illi
    tecta petunt: custos in fore nullus erat.
ecce nurus regis fusis per colla coronis
    inveniunt posito pervigilare mero.
inde cito passu petitur Lucretia: nebat,
    ante torum calathi lanaque mollis erat.
lumen ad exiguum famulae data pensa trahebant:
    inter quas tenui sic ait ipsa sono:
"mittenda est domino—nunc, nunc properate, puellae!—
    quam primum nostra facta lacerna manu.
quid tamen auditis? nam plura audire potestis:
    quantum de bello dicitur esse super?
postmodo victa cades! melioribus, Ardea, restas!
    improba, quae nostros cogis abesse viros.
sint tantum reduces! sed enim temerarius ille
    est meus, et stricto quolibet ense ruit.
mens abit et morior, quotiens pugnantis imago
    me subit, et gelidum pectora frigus habet."
desinit in lacrimas, intentaque fila remittit,
    in gremio voltum deposuitque suum.
hoc ipsum decuit: lacrimae decuere pudicae,
    et facies animo dignaque parque fuit.
"pone metum, venio!" coniunx ait. illa revixit,
    deque viri collo dulce pependit onus.

                  [*Fasti* II 687–760.]

CAESAR

GAIUS JULIUS CAESAR (100–44 B.C.) is almost the only instance in antiquity of a great military leader whose own account of his campaigns has come down to us. The lustre of his name is sufficient to awaken our interest. His books were written hastily while actively engaged on the subjugation of Gaul and the war against Pompey and they have the character of notes rather than polished work. Though impersonal in style, we can see in them something of the character of the man which won him devotion and admiration rarely equalled in the history of the world. As a man, if not as a writer, he is unquestionably the greatest representative of the Roman Name.

THE INVASION OF BRITAIN

Towards the end of his fourth campaign in Gaul, 55 B.C., Caesar had completed the subjugation of the Gallic tribes and crossed the Rhine into Germany.

EXIGUA parte aestatis reliqua, Caesar, etsi in his locis, quod omnis Gallia ad septentriones vergit, maturae sunt hiemes, tamen in Britanniam proficisci contendit; quod omnibus fere Gallicis bellis hostibus nostris inde subministrata auxilia intellegebat et, si tempus ad bellum gerendum deficeret, tamen magno sibi usui fore arbitrabatur, si modo insulam adisset, genus hominum perspexisset, loca, portus, aditus cognovisset; quae omnia fere Gallis erant incognita. neque enim temere praeter mercatores illo adit quisquam, neque his ipsis quicquam praeter oram maritimam atque eas regiones, quae sunt contra Gallias, notum est.

Itaque vocatis ad se undique mercatoribus, neque quanta esset insulae magnitudo, neque quae aut quantae nationes incolerent, neque quem usum belli haberent aut quibus institutis uterentur, neque qui essent ad maiorem navium multitudinem idonei portus, reperire poterat.

Ad haec cognoscenda, priusquam periculum faceret, idoneum esse arbitratus C. Volusenum cum navi longa praemittit. huic mandat, ut exploratis omnibus rebus ad se quam primum revertatur. ipse cum omnibus copiis in Morinos proficiscitur, quod inde erat brevissimus in Britanniam traiectus. huc naves undique ex finitimis regionibus et quam superiore aestate fecerat classem iubet convenire.

Interim consilio eius cognito et per mercatores perlato ad Britannos, a compluribus insulae civitatibus ad eum legati veniunt, qui polliceantur obsides dare atque imperio populi Romani obtemperare. quibus auditis, liberaliter pollicitus hortatusque, ut in ea sententia permanerent, eos domum remittit et cum eis una Commium, quem ipse, Atrebatibus superatis, regem ibi constituerat, cuius et virtutem et consilium probabat et quem sibi fidelem esse arbitrabatur, cuiusque auctoritas in his regionibus magni habebatur, mittit. huic imperat, quas possit, adeat civitates horteturque, ut populi Romani fidem sequantur, seque celeriter venturum nuntiet.

Volusenus perspectis regionibus, quantum ei facultatis dari potuit, qui navi egredi ac se barbaris committere non auderet, quinto die ad Caesarem revertitur, quaeque ibi perspexisset, renuntiat.

Dum in his locis Caesar navium parandarum causa moratur, ex magna parte Morinorum ad eum legati vene-runt, qui se de superioris temporis consilio excusarent, quod homines barbari et nostrae consuetudinis imperiti bellum populo Romano fecissent, seque ea, quae imperasset, facturos pollicerentur. hoc sibi Caesar satis opportune accidisse arbitratus, quod neque post tergum hostem relinquere volebat, neque belli gerendi propter anni tempus facultatem habebat, neque has tantularum rerum occupationes Britanniae anteponendas iudicabat, magnum eis numerum obsidum imperat. quibus adductis, eos in fidem recipit.

Navibus circiter LXXX onerariis coactis constratisque, quot satis esse ad duas transportandas legiones existimabat, quod praeterea navium longarum habebat, quaestori, legatis praefectisque distribuit. huc accedebant XVIII onerariae naves, quae ex eo loco a milibus passuum VIII vento tenebantur, quo minus in eundem portum venire possent: has equitibus distribuit. reliquum exercitum Q. Titurio Sabino et L. Aurunculeio Cottae legatis in Menapios atque in eos pagos Morinorum, a quibus legati ad eum non venerant, ducendum dedit. P. Sulpicium Rufum legatum cum eo praesidio, quod satis esse arbitrabatur, portum tenere iussit.

His constitutis rebus, nactus idoneam ad navigandum tempestatem tertia fere vigilia solvit, equitesque in ulteriorem portum progredi et naves conscendere et se sequi iussit. a quibus cum paulo tardius esset administratum, ipse hora diei circiter quarta cum primis navibus Britanniam attigit, atque ibi in omnibus collibus expositas hostium copias armatas conspexit. cuius loci haec erat natura, atque ita montibus anguste mare continebatur, uti ex locis superioribus in litus telum adigi posset. hunc ad egrediendum nequaquam idoneum locum arbitratus, dum reliquae naves eo convenirent, ad horam nonam in ancoris exspectavit.

Interim legatis tribunisque militum convocatis, et quae ex Voluseno cognovisset et quae fieri vellet, ostendit monuitque, ut rei militaris ratio, maxime ut maritimae res postularent, ut quae celerem atque instabilem motum haberent, ad nutum et ad tempus omnes res ab eis administrarentur. his dimissis, et ventum et aestum uno tempore nactus secundum, dato signo et sublatis ancoris, circiter milia passuum VII ab eo loco progressus, aperto ac plano litore naves constituit.

At barbari, consilio Romanorum cognito, praemisso equitatu et essedariis, quo plerumque genere in proeliis uti consuerunt, reliquis copiis subsecuti nostros navibus egredi prohibebant. erat ob has causas summa difficultas, quod naves propter magnitudinem nisi in alto constitui non poterant; militibus autem ignotis locis, impeditis manibus, magno et gravi onere armorum pressis simul et de navibus desiliendum et in fluctibus consistendum et cum hostibus erat pugnandum; cum illi aut ex arido aut paulum in aquam progressi, omnibus membris expeditis, notissimis locis, audacter tela conicerent et equos insuefactos incitarent. quibus rebus nostri perterriti atque huius omnino generis pugnae imperiti non eadem alacritate ac studio, quo in pedestribus uti proeliis consuerant, utebantur.

Quod ubi Caesar animadvertit, naves longas, quarum et species erat barbaris inusitatior et modus ad usum expeditior, paulum removeri ab onerariis navibus, et remis incitari et ad latus apertum hostium constitui atque inde fundis, sagittis, tormentis hostes propelli ac submoveri iussit; quae res magno usui nostris fuit. nam et navium figura et remorum motu et inusitato genere tormentorum permoti barbari constiterunt, ac paulum etiam pedem rettulerunt.

CAESAR

Atque nostris militibus cunctantibus, maxime propter
altitudinem maris, qui decimae legionis aquilam ferebat,
obtestatus deos, ut ea res legioni feliciter eveniret:
"Desilite," inquit, "commilitones, nisi vultis aquilam
hostibus prodere. ego certe meum reipublicae atque imperatori officium praestitero." hoc cum voce magna dixisset,
se ex navi proiecit atque in hostes aquilam ferre coepit.
tum nostri cohortati inter se, ne tantum dedecus admit-
teretur, universi ex navi desiluerunt. hos item ex proximis
navibus cum conspexissent, subsecuti hostibus appro-
pinquaverunt.

Pugnatum est ab utrisque acriter. nostri tamen, quod
neque ordines servare, neque firmiter insistere, neque signa
subsequi poterant, atque alius alia ex navi, quibuscumque
signis occurrerat, se aggregabat, magnopere perturbabantur;
hostes vero, notis omnibus vadis, ubi ex litore aliquos
singulares ex navi egredientes conspexerant, incitatis equis
impeditos adoriebantur, plures paucos circumsistebant, alii
ab latere aperto in universos tela coniciebant.

Quod cum animadvertisset Caesar, scaphas longarum
navium, item speculatoria navigia militibus compleri iussit,
et, quos laborantes conspexerat, his subsidia submittebat.
nostri, simul in arido constiterunt, suis omnibus consecutis,
in hostes impetum fecerunt atque eos in fugam dederunt;
neque longius prosequi potuerunt, quod equites cursum
tenere atque insulam capere non potuerant. hoc unum ad
pristinam fortunam Caesari defuit.

Hostes proelio superati, simul atque se ex fuga receperunt, statim ad Caesarem legatos de pace miserunt: obsides
sese daturos, quaeque imperasset, facturos polliciti sunt.
una cum his legatis Commius Atrebas venit, quem supra

demonstraveram a Caesare in Britanniam praemissum. hunc illi e navi egressum, cum ad eos oratoris modo Caesaris mandata deferret, comprehenderant atque in vincula coniecerant. tum proelio facto remiserunt, et in petenda pace eius rei culpam in multitudinem contulerunt et, propter imprudentiam ut ignosceretur, petiverunt.

Caesar questus, quod, cum ultro in continentem legatis missis pacem ab se petissent, bellum sine causa intulissent, ignoscere imprudentiae dixit obsidesque imperavit; quorum illi partem statim dederunt, partem ex longinquioribus locis arcessitam paucis diebus sese daturos dixerunt. interea suos remigrare in agros iusserunt, principesque undique convenire et se civitatesque suas Caesari commendare coeperunt.

His rebus pace confirmata, post diem quartum, quam est in Britanniam ventum, naves xviii, de quibus supra demonstratum est, quae equites sustulerant, ex superiore portu leni vento solverunt. quae cum appropinquarent Britanniae et ex castris viderentur, tanta tempestas subito coorta est, ut nulla earum cursum tenere posset; sed aliae eodem, unde erant profectae, referrentur, aliae ad inferiorem partem insulae, quae est propius solis occasum, magno suo cum periculo deicerentur; quae tamen ancoris iactis cum fluctibus complerentur, necessario adversa nocte in altum provectae continentem petierunt.

Eadem nocte accidit, ut esset luna plena, qui dies maritimos aestus maximos in Oceano efficere consuevit, nostrisque id erat incognitum. ita uno tempore et longas naves, quibus Caesar exercitum transportandum curaverat quasque in aridum subduxerat, aestus complebat, et onerarias, quae ad ancoras erant deligatae, tempestas afflictabat, neque ulla nostris facultas aut administrandi aut auxiliandi dabatur.

Compluribus navibus fractis reliquae cum essent, funibus, ancoris reliquisque armamentis amissis, ad navigandum inutiles, magna, id quod necesse erat accidere, totius exercitus perturbatio facta est. neque enim naves erant aliae, quibus reportari possent, et omnia deerant, quae ad reficiendas naves erant usui, et, quod omnibus constabat hiemari in Gallia oportere, frumentum in his locis in hiemem provisum non erat.

Quibus rebus cognitis, principes Britanniae, qui post proelium ad Caesarem convenerant, inter se collocuti, cum et equites et naves et frumentum Romanis deesse intellegerent, et paucitatem militum ex castrorum exiguitate cognoscerent, quae hoc erant etiam angustiora, quod sine impedimentis Caesar legiones transportaverat, optimum factu esse duxerunt, rebellione facta, frumento commeatuque nostros prohibere et rem in hiemem producere, quod his superatis aut reditu interclusis, neminem postea belli ferendi causa in Britanniam transiturum confidebant. itaque rursus coniuratione facta, paulatim ex castris discedere et suos clam ex agris deducere coeperunt.

At Caesar, etsi nondum eorum consilia cognoverat, tamen et ex eventu navium suarum et ex eo, quod obsides dare intermiserant, fore id, quod accidit, suspicabatur. itaque ad omnes casus subsidia comparabat; nam et frumentum ex agris cotidie in castra conferebat, et, quae gravissime afflictae erant naves, earum materia atque aere ad reliquas reficiendas utebatur et, quae ad eas res erant usui, ex continenti comportari iubebat. itaque, cum summo studio a militibus administraretur, XII navibus amissis, reliquis ut navigari satis commode posset effecit.

Dum ea geruntur, legione ex consuetudine una fru-

mentatum missa, quae appellabatur septima, neque ulla ad
id tempus belli suspicione interposita, cum pars hominum
in agris remaneret, pars etiam in castra ventitaret, ei, qui
pro portis castrorum in statione erant, Caesari nuntiaverunt
pulverem maiorem, quam consuetudo ferret, in ea parte
videri, quam in partem legio iter fecisset. Caesar id, quod
erat, suspicatus, aliquid novi a barbaris initum consilii,
cohortes, quae in stationibus erant, secum in eam partem
proficisci, ex reliquis duas in stationem succedere, reliquas
armari et confestim sese subsequi iussit. cum paulo longius
a castris processisset, suos ab hostibus premi atque aegre
sustinere et, conferta legione, ex omnibus partibus tela
conici animadvertit. nam quod omni ex reliquis partibus
demesso frumento pars una erat reliqua, suspicati hostes
huc nostros esse venturos, noctu in silvis deliterant; tum
dispersos, depositis armis, in metendo occupatos subito
adorti, paucis interfectis, reliquos incertis ordinibus per-
turbaverant, simul equitatu atque essedis circumdederant.

Genus hoc est ex essedis pugnae: primo per omnes
partes perequitant et tela coniciunt, atque ipso terrore
equorum et strepitu rotarum ordines plerumque perturbant
et, cum se inter equitum turmas insinuaverunt, ex essedis
desiliunt et pedibus proeliantur. aurigae interim paulatim
ex proelio excedunt atque ita currus collocant, ut, si illi a
multitudine hostium premantur, expeditum ad suos recep-
tum habeant. ita mobilitatem equitum, stabilitatem peditum
in proeliis praestant, ac tantum usu cotidiano et exercita-
tione efficiunt, uti in declivi ac praecipiti loco incitatos
equos sustinere et brevi moderari ac flectere et per temonem
percurrere et in iugo insistere et se inde in currus citissime
recipere consuerint.

Quibus rebus perturbatis nostris novitate pugnae tempore opportunissimo Caesar auxilium tulit ; namque eius adventu hostes constiterunt, nostri se ex timore receperunt. quo facto, ad lacessendum hostem et committendum proelium alienum esse tempus arbitratus, suo se loco continuit et, brevi tempore intermisso, in castra legiones reduxit. dum haec geruntur, nostris omnibus occupatis, qui erant in agris reliqui, discesserunt. secutae sunt continuos complures dies tempestates, quae et nostros in castris continerent et hostem a pugna prohiberent. interim barbari nuntios in omnes partes dimiserunt paucitatemque nostrorum militum suis praedicaverunt et, quanta praedae faciendae atque in perpetuum sui liberandi facultas daretur, si Romanos castris expulissent, demonstraverunt. his rebus celeriter magna multitudine peditatus equitatusque coacta ad castra venerunt.

Caesar, etsi idem, quod superioribus diebus acciderat, fore videbat, ut, si essent hostes pulsi, celeritate periculum effugerent, tamen nactus equites circiter xxx, quos Commius Atrebas, de quo ante dictum est, secum transportaverat, legiones in acie pro castris constituit. commisso proelio, diutius nostrorum militum hostes ferre non potuerunt ac terga verterunt. quos tanto spatio secuti equites, quantum cursu et viribus efficere potuerunt, complures ex eis occiderunt, deinde omnibus longe lateque aedificiis incensis se in castra receperunt.

Eodem die legati ab hostibus missi ad Caesarem de pace venerunt. his Caesar numerum obsidum, quem ante imperaverat, duplicavit eosque in continentem adduci iussit, quod propinqua die aequinoctii infirmis navibus hiemi navigationem subiciendam non existimabat. ipse idoneam

tempestatem nactus, paulo post mediam noctem naves
solvit; quae omnes incolumes ad continentem pervenerunt;
sed ex eis onerariae duae eosdem, quos reliquae, portus
capere non potuerunt et paulo infra delatae sunt.

[*De Bello Gallico* IV xx–xxxvi.]

THE BATTLE OF PHARSALUS

PHARSALUS is a town in Thessaly near which the battle
was fought between Pompey and Caesar, 9th August,
48 B.C., which decided the struggle between the two rivals
and gave Caesar the supremacy. Pompey fled to Egypt
where he was murdered.

RE FRUMENTARIA praeparata, confirmatisque militibus,
et satis longo spatio temporis a Dyrrachinis proeliis intermisso, quo satis perspectum habere militum animum videretur, tentandum Caesar existimavit, quidnam Pompeius
propositi aut voluntatis ad dimicandum haberet. itaque ex
castris exercitum eduxit, aciemque instruxit, primum suis
locis pauloque a castris Pompeii longius, continentibus vero
diebus, ut progrederetur a castris suis, collibusque Pompeianis aciem subiiceret. quae res in dies confirmatiorem
eius exercitum efficiebat.

Superius tamen institutum in equitibus, quod demonstravimus, servabat, ut, quoniam numero multis partibus
esset inferior, adulescentes atque expeditos ex antesignanis
electos milites ad pernicitatem armis inter equites proeliari
iuberet, qui quotidiana consuetudine usum quoque eius
generis proeliorum perciperent.

His erat rebus effectum, ut equitum mille etiam apertio-
ribus locis septem milium Pompeianorum impetum, cum
adesset usus, sustinere auderent, neque magnopere eorum

multitudine terrerentur. namque etiam per eos dies proelium secundum equestre fecit, atque unum Allobrogem ex duobus, quos perfugisse ad Pompeium supra docuimus, cum quibusdam interfecit.

Pompeius, qui castra in colle habebat, ad infimas radices montis aciem instruebat, semper, ut videbatur, spectans, si iniquis locis Caesar se subiceret. Caesar nulla ratione ad pugnam elici posse Pompeium existimans, hanc sibi commodissimam belli rationem iudicavit, uti castra ex eo loco moveret, semperque esset in itineribus, hoc sperans, ut, movendis castris pluribusque adeundis locis commodiore re frumentaria uteretur, simulque in itinere ut aliquam occasionem dimicandi nancisceretur, et insolitum ad laborem Pompeii exercitum quotidianis itineribus defatigaret.

His constitutis rebus, signo iam profectionis dato tabernaculisque detensis, animadversum est, paulo ante, extra quotidianam consuetudinem, longius a vallo esse aciem Pompeii progressam, ut non iniquo loco posse dimicari videretur.

Tunc Caesar apud suos, cum iam esset agmen in portis, "differendum est," inquit, "iter in praesentia nobis, et de proelio cogitandum, sicut semper depoposcimus. animo simus ad dimicandum parati: non facile occasionem postea reperiemus." confestimque expeditas copias educit.

Pompeius quoque, ut postea cognitum est, suorum omnium hortatu statuerat proelio decertare. namque etiam in consilio superioribus diebus dixerat, priusquam concurrerent acies, fore, uti exercitus Caesaris pelleretur.

Id cum essent plerique admirati, "scio me," inquit, "paene incredibilem rem polliceri; sed rationem consilii mei accipite, quo firmiore animo in proelium prodeatis.

persuasi equitibus nostris, idque mihi se facturos confir-
maverunt, ut, cum propius sit accessum, dextrum Caesaris
cornu ab latere aperto adgrederentur, ut, circumventa ab
tergo acie, prius perturbatum exercitum pellerent, quam a
nobis telum in hostem iaceretur. ita sine periculo legionum,
et paene sine vulnere, bellum conficiemus. id autem diffi-
cile non est, cum tantum equitatu valeamus." simul de-
nuntiavit ut essent animo parati in posterum; et, quoniam
fieret dimicandi potestas, ut saepe cogitavissent, ne usu
manuque reliquorum opinionem fallerent.

Hunc Labienus excepit, et, cum Caesaris copias despi-
ceret, Pompeii consilium summis laudibus efferret, "noli,"
inquit, "existimare, Pompei, hunc esse exercitum qui
Galliam Germaniamque devicerit. omnibus interfui proeliis,
neque temere incognitam rem pronuntio. perexigua pars
illius exercitus superest: magna pars deperiit, quod accidere
tot proeliis fuit necesse: multos autumni pestilentia in
Italia consumpsit: multi domum discesserunt: multi sunt
relicti in continenti. an non exaudistis ex eis, qui per
causam valetudinis remanserunt, cohortes esse Brundisii
factas? hae copiae, quas videtis, ex delectibus horum
annorum in citeriore Gallia sunt refectae, et plerique sunt
ex coloniis Transpadanis. at tamen, quod fuit roboris,
duobus proeliis Dyrrachinis interiit."

Haec cum dixisset, iuravit se nisi victorem in castra non
reversurum, reliquosque, ut idem facerent, hortatus est.
hoc laudans Pompeius idem iuravit; nec vero ex reliquis
fuit quisquam, qui iurare dubitaret. haec cum facta sunt
in consilio, magna spe et laetitia omnium discessum est;
ac iam animo victoriam praecipiebant, quod de re tanta
et a tam perito imperatore nihil frustra confirmari videbatur.

59

Caesar, cum Pompeii castris adpropinquasset, ad hunc
modum aciem eius instructam animadvertit. erant in sinistro
cornu legiones duae, traditae a Caesare initio dissensionis ex
senatusconsulto; quarum una prima, altera tertia appellabatur. in eo loco ipse erat Pompeius. mediam aciem Scipio
cum legionibus Syriacis tenebat. Ciliciensis legio coniuncta
cum cohortibus Hispanis, quas traductas ab Afranio docuimus, in dextro cornu erant collocatae. has firmissimas se
habere Pompeius existimabat. reliquas inter aciem mediam
cornuaque interiecerat, numeroque cohortes centum et
decem expleverat. haec erant milia quadraginta quinque,
evocatorum circiter duo, quae ex beneficiariis superiorum
exercituum ad eum convenerant; quae tota acie disperserat.
reliquas cohortes septem in castris propinquisque castellis
praesidio disposuerat. dextrum cornu eius rivus quidam
impeditis ripis muniebat; quam ob causam cunctum equitatum, sagittarios funditoresque omnes in sinistro cornu
obiecerat.

Caesar, superius institutum servans, decimam legionem
in dextro cornu, nonam in sinistro collocaverat, tametsi
erat Dyrrachinis proeliis vehementer adtenuata. huic sic
adiunxit octavam, ut paene unam ex duabus efficeret, atque
alteram alteri praesidio esse iusserat. cohortes in acie octoginta constitutas habebat, quae summa erat milium viginti
et duorum; cohortes duas castris praesidio reliquerat.
sinistro cornu Antonium, dextro P. Sullam, media acie
Cn. Domitium praeposuerat. ipse contra Pompeium constitit.

Simul his rebus animadversis, quas demonstravimus,
timens, ne a multitudine equitum dextrum cornu circum-
veniretur, celeriter ex tertia acie singulas cohortes detraxit,

atque ex his quartam instituit, equitatuique opposuit; et, quid fieri vellet, ostendit, monuitque eius diei victoriam in earum cohortium virtute constare. simul tertiae aciei totique exercitui imperavit, ne iniussu suo concurreret; se, cum id fieri vellet, vexillo signum daturum.

Exercitum cum militari more ad pugnam cohortaretur, suaque in eum perpetui temporis officia praedicaret, in primis commemoravit, testibus se militibus uti posse, quanto studio pacem petisset; quae per Vatinium in colloquiis, quae per A. Clodium cum Scipione egisset, quibus modis ad Oricum cum Libone de mittendis legatis contendisset: neque se unquam abuti militum sanguine, neque rem publicam alterutro exercitu privare voluisse. hac habita oratione, exposcentibus militibus et studio pugnae ardentibus, tuba signum dedit.

Erat Crastinus evocatus in exercitu Caesaris, qui superiore anno apud eum primum pilum in legione decima duxerat, vir singulari virtute. hic, signo dato, "sequimini me," inquit, "manipulares mei qui fuistis, et vestro imperatori, quam constituistis, operam date. unum hoc proelium superest; quo confecto, et ille suam dignitatem et nos nostram libertatem recuperabimus." simul respiciens Caesarem, "faciam," inquit, "hodie, imperator, ut aut vivo mihi aut mortuo gratias agas." haec cum dixisset, primus ex dextro cornu procucurrit, atque eum electi milites circiter centum et viginti voluntarii eiusdem centuriae sunt prosecuti.

Inter duas acies tantum erat relictum spatii, ut satis esset ad concursum utriusque exercitus. sed Pompeius suis praedixerat ut Caesaris impetum exciperent, neve se loco moverent, aciemque eius distrahi paterentur; idque admonitu C. Triarii fecisse dicebatur, ut primus excursus visque militum infringeretur, aciesque distenderetur, atque in suis ordinibus dispositi dispersos adorirentur; leviusque casura pila sperabat, in loco retentis militibus, quam si ipsi inmissis telis occurrissent; simul fore, ut duplicato cursu Caesaris milites exanimarentur et lassitudine conficerentur.

Quod nobis quidem nulla ratione factum a Pompeio videtur, propterea quod est quaedam animi incitatio atque alacritas naturaliter innata omnibus, quae studio pugnae incenditur. hanc non reprimere, sed augere imperatores debent; neque frustra antiquitus institutum est, ut signa undique concinerent, clamoremque universi tollerent; quibus rebus et hostes terreri et suos incitari existimaverunt.

Sed nostri milites, dato signo, cum infestis pilis procucurrissent, atque animadvertissent non concurri a Pompeianis, usu periti ac superioribus pugnis exercitati, sua sponte cursum represserunt, et ad medium fere spatium constiterunt, ne consumptis viribus adpropinquarent, parvoque intermisso temporis spatio ac rursus renovato cursu, pila miserunt, celeriterque, ut erat praeceptum a Caesare, gladios strinxerunt.

Neque vero Pompeiani huic rei defuerunt. nam et tela missa exceperunt, et impetum legionum tulerunt, et ordines conservaverunt, pilisque missis, ad gladios redierunt. eodem tempore equites ab sinistro Pompeii cornu, ut erat imperatum, universi procucurrerunt, omnisque multitudo sagittariorum se profudit; quorum impetum noster equitatus non tulit, sed paulum loco motus cessit, equitesque Pompeii hoc acrius instare, et se turmatim explicare, aciemque nostram a latere aperto circumire coeperunt.

Quod ubi Caesar animadvertit, quartae aciei, quam

instituerat sex cohortium numero, signum dedit. illi celeriter procucurrerunt, infestisque signis tanta vi in Pompeii
equites impetum fecerunt, ut eorum nemo consisteret,
omnesque conversi non solum loco excederent, sed protinus
incitati fuga montes altissimos peterent. quibus submotis,
omnes sagittarii funditoresque destituti, inermes, sine praesidio, interfecti sunt. eodem impetu cohortes sinistrum
cornu, pugnantibus etiam tum ac resistentibus in acie
Pompeianis, circumierunt, eosque a tergo sunt adorti.

Eodem tempore, tertiam aciem Caesar, quae quieta
fuerat, et se ad id tempus loco tenuerat, procurrere iussit.
ita, cum recentes atque integri defessis successissent, alii
autem a tergo adorirentur, sustinere Pompeiani non potuerunt, atque universi terga verterunt. neque vero Caesarem
fefellit, quin ab eis cohortibus, quae contra equitatum in
quarta acie collocatae essent, initium victoriae oriretur, ut
ipse in cohortandis militibus pronuntiaverat. ab his enim
primum equitatus est pulsus; ab eisdem factae caedes
sagittariorum ac funditorum; ab eisdem acies Pompeiana
a sinistra parte erat circumita, atque initium fugae factum.

Sed Pompeius, ut equitatum suum pulsum vidit, atque
eam partem, cui maxime confidebat, perterritam animadvertit, aliis diffisus acie excessit, protinusque se in castra
equo contulit; et eis centurionibus, quos in statione ad
praetoriam portam posuerat, clare, ut milites exaudirent,
"tuemini," inquit, "castra et defendite diligenter, si quid
durius acciderit; ego reliquas portas circumeo, et castrorum
praesidia confirmo." haec cum dixisset, se in praetorium
contulit, summae rei diffidens, et tamen eventum exspectans.

Caesar, Pompeianis ex fuga intra vallum compulsis,

63

CAESAR

nullum spatium perterritis dare oportere existimans, milites
cohortatus est, ut beneficio fortunae uterentur, castraque
oppugnarent. qui, etsi magno aestu fatigati, nam ad
meridiem res erat perducta, tamen, ad omnem laborem
animo parati, imperio paruerunt.

Castra a cohortibus, quae ibi praesidio erant relictae,
industrie defendebantur, multo etiam acrius a Thracibus
barbarisque auxiliis. nam qui acie refugerant milites, et
animo perterriti et lassitudine confecti, missis plerique armis
signisque militaribus magis de reliqua fuga, quam de
castrorum defensione, cogitabant. neque vero diutius, qui
in vallo constiterant, multitudinem telorum sustinere potuerunt, sed confecti vulneribus locum reliquerunt, protinusque omnes ducibus usi centurionibus tribunisque militum,
in altissimos montes, qui ad castra pertinebant, confugerunt.

In castris Pompeii videre licuit trichilas structas, magnum argenti pondus expositum, recentibus caespitibus
tabernacula constrata, Lucii etiam Lentuli et nonnul-
lorum tabernacula protecta hedera, multaque praeterea,
quae nimiam luxuriam et victoriae fiduciam designarent,
ut facile existimari posset nihil eos de eventu eius diei
timuisse, qui non necessarias conquirerent voluptates. at
hi miserrimo ac patientissimo exercitui Caesaris luxuriam
obiciebant, cui semper omnia ad necessarium usum defuis-
sent.

Pompeius, iam cum intra vallum nostri versarentur,
equum nactus, detractis insignibus imperatoris, decumana
porta se ex castris eiecit, protinusque equo citato Larissam
contendit. neque ibi constitit, sed eadem celeritate, paucos
suos ex fuga nactus, nocturno itinere non intermisso,
comitatu equitum triginta ad mare pervenit, navemque

frumentariam conscendit, saepe, ut dicebatur, querens tantum se opinionem fefellisse, ut, a quo genere hominum
victoriam sperasset, ab eo initio fugae facto paene proditus
videretur.

Caesar castris potitus a militibus contendit, ne in praeda
occupati reliqui negotii gerendi facultatem dimitterent. qua
re impetrata, montem opere circummunire instituit. Pompeiani, quod is mons erat sine aqua, diffisi ei loco, relicto
monte, universi iugis eius Larissam versus se recipere
coeperunt. qua re animadversa, Caesar copias suas divisit,
partemque legionum in castris Pompeii remanere iussit,
partem in sua castra remisit; quattuor secum legiones
duxit, commodioreque itinere Pompeianis occurrere coepit,
et progressus milia passuum sex aciem instruxit. qua re
animadversa, Pompeiani in quodam monte constiterunt.
hunc montem flumen subluebat.

Caesar, milites cohortatus, etsi totius diei continenti
labore erant confecti, noxque iam suberat, tamen munitione
flumen a monte seclusit, ne noctu aquari Pompeiani possent.
quo iam perfecto opere, illi de deditione, missis legatis,
agere coeperunt. pauci ordinis senatorii, qui se cum eis
coniunxerant, nocte fuga salutem petierunt. Caesar prima
luce omnes eos, qui in monte consederant, ex superioribus
locis in planitiem descendere atque arma proicere iussit.
quod ubi sine recusatione fecerunt, passisque palmis, proiecti
ad terram, flentes ab eo salutem petierunt, consolatus con-
surgere iussit, et pauca apud eos de lenitate sua locutus,
quo minore essent timore, omnes conservavit, militibusque
suis commendavit, ne qui eorum violarentur, neu quid sui
desiderarent. hac adhibita diligentia, ex castris sibi legiones
alias occurrere, et eas, quas secum duxerat, invicem re-

quiescere atque in castra reverti iussit, eodemque die
Larissam pervenit.

In eo proelio non amplius ducentos milites desideravit,
sed centuriones, fortes viros, circiter triginta amisit. interfectus est etiam fortissime pugnans Crastinus, cuius men-
tionem supra fecimus, gladio in os adversum coniecto.
neque id fuit falsum, quod ille in pugnam proficiscens
dixerat. sic enim Caesar existimabat, eo proelio excellen-
tissimam virtutem Crastini fuisse, optimeque eum de se
meritum iudicabat.

Ex Pompeiano exercitu circiter milia quindecim cecidisse
videbantur; sed in deditionem venerunt amplius milia
quattuor et viginti; namque etiam cohortes, quae praesidio
in castellis fuerant, sese Sullae dediderunt, multi praeterea
in finitimas civitates refugerunt; signaque militaria ex
proelio ad Caesarem sunt relata centum et octoginta, et
aquilae novem. L. Domitius ex castris in montem refugiens,
cum vires eum lassitudine defecissent, ab equitibus est
interfectus.

[*De B. C.* III 84–99.]

SALLUST

GAIUS SALLUSTIUS CRISPUS (86–34 B.C.) is chiefly
famous for his history of Catiline's Conspiracy and of the
war against Jugurtha, which he wrote in retirement after
filling various offices in the State. He sided with Caesar
in the Civil War, and accompanied him to Africa, 46 B.C.,
where he was left by Caesar as governor of Numidia.

JUGURTHA

JUGURTHA was adopted by his uncle Micipsa, King of
Numidia, who brought him up with his own sons, Hiempsal
and Adherbal. These extracts describe his energetic and
ambitious character, and his struggle for power both by
craft and by force. He was finally defeated by Marius,
and died in prison at Rome, 104 B.C.

i. EARLY PROMISE

IUGURTHA ubi primum adolevit, pollens viribus, decora
facie, sed multo maxime ingenio validus, non se luxu neque
inertiae corrumpendum dedit, sed, uti mos gentis illius est,
equitare, iaculari, cursu cum aequalibus certare, et cum
omnis gloria anteiret, omnibus tamen carus esse; ad hoc
pleraque tempora in venando agere, leonem atque alias
feras primus aut in primis ferire, plurimum facere et
minimum ipse de se loqui.

Quibus rebus Micipsa tametsi initio laetus fuerat, existimans virtutem Iugurthae regno suo gloriae fore, tamen
postquam hominem adulescentem, exacta sua aetate et
parvis liberis, magis magisque crescere intellegit, vehementer eo negotio permotus, multa cum animo suo
volvebat. terrebat eum natura mortalium avida imperi et

67   5-2

praeceps ad explendam animi cupidinem, praeterea oppor-
tunitas suae liberorumque aetatis, quae etiam mediocris
viros spe praedae transversos agit; ad hoc studia Numidarum in Iugurtham accensa, ex quibus, si talem virum dolis
interfecisset, ne qua seditio aut bellum oriretur anxius erat.

His difficultatibus circumventus, ubi videt neque per
vim neque insidiis opprimi posse hominem tam acceptum
popularibus, quod erat Iugurtha manu promptus et appetens
gloriae militaris, statuit eum obiectare periculis et eo modo
fortunam temptare. igitur bello Numantino Micipsa cum
populo Romano equitum atque peditum auxilia mitteret,
sperans vel ostentando virtutem vel hostium saevitia facile
eum occasurum, praefecit Numidis quos in Hispaniam
mittebat.

Sed ea res longe aliter ac ratus erat evenit. nam Iugurtha,
ut erat impigro atque acri ingenio, ubi naturam P. Scipionis,
qui tum Romanis imperator erat, et morem hostium cognovit, multo labore multaque cura, praeterea modestissime
parendo et saepe obviam eundo periculis, in tantam
claritudinem brevi pervenerat, ut nostris vehementer carus,
Numantinis maximo terrori esset. ac sane, quod difficillimum in primis est, et proelio strenuus erat et bonus
consilio, quorum alterum ex providentia timorem, alterum
ex audacia temeritatem afferre plerumque solet. igitur
imperator omnis fere res asperas per Iugurtham agere, in
amicis habere, magis magisque eum in dies amplecti, quippe
cuius neque consilium neque inceptum ullum frustra erat.
huc accedebat munificentia animi et ingeni sollertia, quis
rebus sibi multos ex Romanis familiari amicitia coniunxerat.

Ea tempestate, in exercitu nostro fuere complures novi
atque nobiles, quibus divitiae bono honestoque potiores

erant, factiosi domi, potentes apud socios, clari magis quam honesti, qui Iugurthae non mediocrem animum pollicitando accendebant, si Micipsa rex occidisset, fore uti solus imperi Numidiae potiretur: in ipso maximam virtutem, Romae omnia venalia esse.

Sed postquam, Numantia deleta, P. Scipio dimittere auxilia et ipse reverti domum decrevit, donatum atque laudatum magnifice pro contione Iugurtham in praetorium abduxit ibique secreto monuit, ut potius publice quam privatim amicitiam populi Romani coleret, neu quibus largiri insuesceret: periculose a paucis emi, quod multorum esset. si permanere vellet in suis artibus, ultro illi et gloriam et regnum venturum; sin properantius pergeret, suamet ipsum pecunia praecipitem casurum.   [Ch. VI–VIII.]

ii. THE STRUGGLE FOR THE THRONE

Micipsa paucis post diebus moritur. postquam illi more regio iusta magnifice fecerant, reguli in unum convenerunt, ut inter se de cunctis negotiis disceptarent. sed Hiempsal, qui minimus ex illis erat, natura ferox et iam antea ignobilitatem Iugurthae, quia materno genere impar erat, despiciens, dextra Adherbalem assedit, ne medius ex tribus, quod apud Numidas honori ducitur, Iugurtha foret. dein tamen ut aetati concederet fatigatus a fratre, vix in partem alteram transductus est.

Ibi cum multa de administrando imperio dissererent, Iugurtha inter alias res iacit, oportere quinquenni consulta et decreta omnia rescindi; nam per ea tempora confectum annis Micipsam parum animo valuisse. tum idem Hiempsal placere sibi respondit; nam ipsum illum tribus proximis annis adoptatione in regnum pervenisse. quod verbum in

SALLUST

pectus Iugurthae altius quam quisquam ratus erat descendit. itaque ex eo tempore ira et metu anxius moliri, parare atque ea modo cum animo habere, quibus Hiempsal per dolum caperetur. quae ubi tardius procedunt, neque lenitur animus ferox, statuit quovis modo inceptum perficere.

Primo conventu, quem ab regulis factum supra memoravi, propter dissensionem placuerat dividi thesauros finisque imperi singulis constitui. itaque tempus ad utramque rem decernitur, sed maturius ad pecuniam distribuendam. reguli interea in loca propinqua thesauris alius alio concessere.

Sed Hiempsal in oppido Thirmida forte eius domo utebatur, qui, proximus lictor Iugurthae, carus acceptusque ei semper fuerat. quem ille casu ministrum oblatum promissis onerat impellitque uti tamquam suam visens domum eat, portarum clavis adulterinas paret (nam verae ad Hiempsalem referebantur), ceterum, ubi res postularet, se ipsum cum magna manu venturum. Numida mandata brevi conficit, atque, uti doctus erat, noctu Iugurthae milites introducit. qui postquam in aedes irrupere, diversi regem quaerere, dormientis alios, alios occursantis interficere, scrutari loca abdita, clausa effringere, strepitu et tumultu omnia miscere; cum interim Hiempsal reperitur occultans se tugurio mulieris ancillae, quo initio pavidus et ignarus loci perfugerat. Numidae caput eius, uti iussi erant, ad Iugurtham referunt.

Ceterum fama tanti facinoris per omnem Africam brevi divulgatur. Adherbalem omnisque qui sub imperio Micipsae fuerant metus invadit. in duas partes discedunt Numidae : plures Adherbalem sequuntur, sed illum alterum bello meliores. igitur Iugurtha quam maximas potest copias armat, urbis partim vi alias voluntate imperio suo adiungit, omni Numidiae imperare parat.

70

Adherbal tametsi Romam legatos miserat, qui senatum
docerent de caede fratris et fortunis suis, tamen fretus
multitudine militum parabat armis contendere. sed ubi res
ad certamen venit, victus ex proelio profugit in provinciam
ac deinde Romam contendit.

Tum Iugurtha, patratis consiliis, postquam omnis
Numidiae potiebatur, in otio facinus suum cum animo
reputans timere populum Romanum, neque adversus iram
eius usquam nisi in avaritia nobilitatis et pecunia sua spem
habere. itaque paucis diebus cum auro et argento multo
Romam legatos mittit, quis praecipit, primum uti veteres
amicos muneribus expleant, deinde novos adquirant, postremo quaecumque possint largiundo parare ne cunctentur.

Sed ubi Romam legati venere et ex praecepto regis hos-
pitibus aliisque quorum ea tempestate in senatu auctoritas
pollebat magna munera misere, tanta commutatio incessit,
ut ex maxima invidia in gratiam et favorem nobilitatis
Iugurtha veniret. quorum pars spe, alii praemio inducti,
singulos ex senatu ambiundo nitebantur ne gravius in eum
consuleretur.   [Ch. XI–XIII.]

iii. A CITY FOR SALE

Commissioners sent from Rome divided the kingdom between the two claimants, but shortly afterwards Jugurtha
attacked and defeated Adherbal and put him to death.
Rome declared war. The consul, Bestia, who was sent to
Africa, and his lieutenant, Scaurus, were bribed by Jugurtha
into making peace. The tribune, Memmius, persuaded
the people to send Cassius, the praetor, to Jugurtha and
bring him to Rome under a safe conduct to witness against
those accused of taking bribes.

IGITUR IUGURTHA contra decus regium cultu quam
maxime miserabili cum Cassio Romam venit. ac tametsi

in ipso magna vis animi erat, confirmatus ab omnibus
quorum potentia aut scelere cuncta ea gesserat, quae supra
diximus, C. Baebium tribunum plebis magna mercede parat,
cuius impudentia contra ius et iniurias omnis munitus foret.

At C. Memmius advocata contione, quamquam regi
infesta plebs erat et pars in vincula duci iubebat, pars, nisi
socios sceleris sui aperiret, more maiorum de hoste supplicium sumi, dignitati quam irae magis consulens, sedare
motus et animos eorum mollire, postremo confirmare, fidem
publicam per sese inviolatam fore. post, ubi silentium
coepit, producto Iugurtha verba facit, Romae Numidiaeque
facinora eius memorat, scelera in patrem fratresque ostendit.
quibus iuvantibus quibusque ministris ea egerit, quamquam
intellegat populus Romanus, tamen velle manifesta magis
ex illo habere. si verum aperiat, in fide et clementia populi
Romani magnam spem illi sitam, sin reticeat, non sociis
saluti fore sed se suasque spes corrupturum.

Deinde ubi Memmius dicendi finem fecit et Iugurtha
respondere iussus est, C. Baebius tribunus plebis quem
pecunia corruptum supra diximus, regem tacere iubet; ac
tametsi multitudo, quae in contione aderat, vehementer accensa terrebat eum clamore, voltu, saepe impetu atque aliis
omnibus quae ira fieri amat, vicit tamen impudentia. ita populus ludibrio habitus ex contione discedit: Iugurthae Bestiae-
que et ceteris quos illa quaestio exagitabat animi augescunt.

Erat ea tempestate Romae Numida quidam nomine
Massiva, Gulussae filius, Masinissae nepos, qui quia in
dissensione regum Iugurthae adversus fuerat, dedita Cirta
et Adherbale interfecto profugus ex patria abierat. huic
Sp. Albinus, qui proximo anno post Bestiam cum Q.
Minucio Rufo consulatum gerebat, persuadet, quoniam ex

stirpe Masinissae sit Iugurthamque ob scelera invidia cum
metu urgeat, regnum Numidiae ab senatu petat. avidus
consul belli gerendi movere quam senescere omnia malebat.
ipsi provincia Numidia, Minucio Macedonia evenerat.

Quae postquam Massiva agitare coepit, neque Iugurthae
in amicis satis praesidi est, quod eorum alium conscientia
alium mala fama et timor impediebat, Bomilcari proximo
ac maxime fido sibi imperat, pretio, sicuti multa confecerat,
insidiatores Massivae paret, ac maxime occulte; sin id
parum procedat, quovis modo Numidam interficiat.

Bomilcar mature regis mandata exsequitur, et, per
homines talis negoti artifices, itinera egressusque eius,
postremo loca atque tempora cuncta explorat. deinde, ubi
res postulabat, insidias tendit. igitur unus ex eo numero
qui ad caedem parati erant paulo inconsultius Massivam
aggreditur: illum obtruncat, sed ipse deprehensus, multis
hortantibus et in primis Albino consule, indicium profitetur.
fit reus magis ex aequo bonoque quam ex iure gentium
Bomilcar, comes eius qui Romam fide publica venerat.

At Iugurtha manifestus tanti sceleris non prius omisit
contra verum niti, quam animadvertit supra gratiam atque
pecuniam suam invidiam facti esse. igitur quamquam in
priore actione ex amicis quinquaginta vades dederat, regno
magis quam vadibus consulens, clam in Numidiam Bomilcarem dimittit, veritus ne reliquos popularis metus invaderet
parendi sibi, si de illo supplicium sumptum foret. et ipse
paucis diebus eodem profectus est, iussus a senatu Italia
decedere. sed postquam Roma egressus est, fertur saepe eo
tacitus respiciens postremo dixisse: "urbem venalem et
mature perituram, si emptorem invenerit!"

[Ch. xxxiii–xxxv.]

73

iv. METELLUS TAKES COMMAND

The war was continued, but the Romans were defeated, and the remainder of their army sent under the yoke. The consul Metellus, a good general and a man who could not be bribed, arrived in 109 B.C. and, with Gaius Marius as one of his lieutenants, revived the spirit and discipline of the troops.

Interea Iugurtha, ubi quae Metellus agebat ex nuntiis accepit, simul de innocentia eius certior Roma factus, diffidere suis rebus ac tum demum veram deditionem facere conatus est. igitur legatos ad consulem cum suppliciis mittit, qui tantum modo ipsi liberisque vitam peterent, alia omnia dederent populo Romano.

Sed Metello iam antea experimentis cognitum erat genus Numidarum infidum, ingenio mobili, novarum rerum avidum esse. itaque legatos alium ab alio diversos aggreditur ac paulatim temptando, postquam opportunos sibi cognovit, multa pollicendo persuadet, uti Iugurtham maxime vivum, sin is parum procedat, necatum sibi traderent. ceterum palam quae ex voluntate forent regi nuntiare iubet.

Deinde ipse paucis diebus intento atque infesto exercitu in Numidiam procedit, ubi contra belli faciem tuguria plena hominum, pecora cultoresque in agris erant. ex oppidis et mapalibus praefecti regis obvii procedebant parati frumentum dare, commeatum portare, postremo omnia quae imperarentur facere. neque Metellus idcirco minus, sed pariter ac si hostes adessent, munito agmine incedere, late explorare omnia, illa deditionis signa ostentui credere et insidiis locum temptare.

Itaque ipse cum expeditis cohortibus, item funditorum et sagittariorum delecta manu apud primos erat, in postremo C. Marius legatus cum equitibus curabat, in utrumque latus auxiliarios equites tribunis legionum et praefectis cohortium dispertiverat, ut cum eis permixti velites, quocumque accederent equitatus hostium, propulsarent. nam in Iugurtha tantus dolus tantaque peritia locorum et militiae erat, ut absens an praesens, pacem an bellum gerens perniciosior esset, in incerto haberetur.

Erat haud longe ab eo itinere, quo Metellus pergebat, oppidum Numidarum nomine Vaga, forum rerum venalium totius regni maxime celebratum, ubi et incolere et mercari consueverant Italici generis multi mortales. huc consul praesidium imposuit. praeterea imperavit frumentum et alia quae bello usui forent comportare, ratus, id quod res monebat, frequentiam negotiatorum et commeatu iuvaturam exercitum et iam paratis rebus munimento fore.

Inter haec negotia, Iugurtha impensius modo legatos supplices mittere, pacem orare, praeter suam liberorumque vitam omnia Metello dedere. quos item uti priores consul illectos ad proditionem domum dimittebat, regi pacem quam postulabat neque abnuere neque polliceri, et inter eas moras promissa legatorum exspectare.

Iugurtha, ubi Metelli dicta cum factis composuit ac se suis artibus temptari animadvertit, quippe cui verbis pax nuntiabatur, ceterum re bellum asperrimum erat, urbs maxima alienata, ager hostibus cognitus, animi popularium temptati, coactus rerum necessitudine statuit armis certare. igitur explorato hostium itinere, in spem victoriae adductus et opportunitate loci, quam maximas potest copias omnium generum parat ac per tramites occultos exercitum Metelli antevenit.

Erat in ea parte Numidiae quam Adherbal in divisione

possederat, flumen oriens a meridie nomine Muthul, a quo
aberat mons ferme milia passuum viginti tractu pari, vastus
ab natura et humano cultu. sed ex eo medio quasi collis orie-
batur in immensum pertingens, vestitus oleastro ac myrtetis
aliisque generibus arborum quae humi arido atque harenoso
gignuntur. media autem planities deserta penuria aquae
praeter flumini propinqua loca; ea consita arbustis pecore
atque cultoribus frequentabantur.

Igitur in eo colle, quem transverso itinere porrectum
docuimus, Iugurtha extenuata suorum acie consedit, elephantis et parti copiarum pedestrium Bomilcarem praefecit,
eumque edocet quae ageret. ipse propior montem cum
omni equitatu et peditibus delectis suos conlocat.

Dein singulas turmas et manipulos circumiens monet
atque obtestatur uti memores pristinae virtutis et victoriae
sese regnumque suum ab Romanorum avaritia defendant;
cum eis certamen fore, quos antea victos sub iugum mise-
rint; ducem illis, non animum mutatum; quae ab imperatore decuerint omnia suis provisa, locum superiorem, ut
prudentes cum imperitis, ne pauciores cum pluribus aut
rudes cum belli melioribus manum consererent; proinde
parati intentique essent signo dato Romanos invadere;
illum diem aut omnis labores et victorias confirmaturum
aut maximarum aerumnarum initium fore.

Ad hoc viritim, uti quemque ob militare facinus pecunia
aut honore extulerat, commonefacere benefici sui et eum
ipsum aliis ostentare, postremo pro cuiusque ingenio pollicendo, minitando, obtestando, alium alio modo excitare;
cum interim Metellus, ignarus hostium, monte degrediens
cum exercitu conspicitur.

Primo dubius quidnam insolita facies ostenderet—nam

76

inter virgulta equi Numidaeque consederant, neque plane
occultati humilitate arborum et tamen incerti quidnam
esset, cum natura loci tum dolo ipsi atque signa militaria
obscurati—dein brevi cognitis insidiis paulisper agmen
constituit. ibi commutatis ordinibus in dextro latere, quod
proximum hostis erat, triplicibus subsidiis aciem instruxit;
inter manipulos funditores et sagittarios dispertit, equitatum
omnem in cornibus locat ac pauca pro tempore milites
hortatus aciem, sicuti instruxerat, transversis principiis in
planum deducit.

Sed ubi Numidas quietos neque colle degredi animadvertit, veritus ex anni tempore et inopia aquae, ne siti
conficeretur exercitus, Rutilium legatum cum expeditis
cohortibus et parte equitum praemisit ad flumen, uti locum
castris antecaperet, existimans hostis crebro impetu et
transversis proeliis iter suum remoraturos, et quoniam
armis diffiderent, lassitudinem et sitim militum temptaturos.
deinde ipse pro re atque loco, sicuti monte descenderat
paulatim procedere, Marium post principia habere, ipse
cum sinistrae alae equitibus esse, qui in agmine principes
facti erant.

At Iugurtha, ubi extremum agmen Metelli primos suos
praetergressum videt, praesidio quasi duorum milium peditum montem occupat, qua Metellus descenderat, ne forte
cedentibus adversariis receptui ac post munimento foret.
dein repente signo dato hostis invadit.

Numidae alii postremos caedere, pars a sinistra ac dextra
temptare, infensi adesse atque instare, omnibus locis Romanorum ordines conturbare, quorum etiam qui firmioribus
animis obvii hostibus fuerant, ludificati incerto proelio ipsi
modo eminus sauciabantur, neque contra feriendi aut con-

serendi manum copia erat; ante iam docti ab Iugurtha equites, ubi Romanorum turma insequi coeperat, non confertim neque in unum sese recipiebant, sed alius alio quam maxime diversi.

Ita numero priores, si ab persequendo hostis deterrere nequiverant, disiectos ab tergo aut lateribus circumveniebant; sin opportunior fugae collis quam campi fuerat, ea vero consueti Numidarum equi facile inter virgulta evadere, nostros asperitas et insolentia loci retinebat.

Ceterum facies totius negoti varia, incerta, foeda atque miserabilis. dispersi a suis, pars cedere, alii insequi, neque signa neque ordines observare, ubi quemque periculum ceperat ibi resistere ac propulsare, arma tela, equi viri, hostes atque cives permixti, nihil consilio neque imperio agi, fors omnia regere.

Itaque multum diei processerat, cum etiam tum eventus in incerto erat. denique, omnibus labore et aestu languidis, Metellus, ubi videt Numidas minus instare, paulatim milites in unum conducit, ordines restituit et cohortis legionarias quattuor adversum pedites hostium collocat. eorum magna pars superioribus locis fessa consederat. simul orare et hortari milites, ne deficerent neu paterentur hostis fugientis vincere; neque illis castra esse neque munimentum ullum, quo cedentes tenderent; in armis omnia sita.

Sed ne Iugurtha quidem interea quietus erat; circumire, hortari, renovare proelium et ipse cum delectis temptare omnia, subvenire suis, hostibus dubiis instare, quos firmos cognoverat eminus pugnando retinere.

Eo modo inter se duo imperatores summi viri certabant, ipsi pares, ceterum opibus disparibus. nam Metello virtus militum erat, locus adversus; Iugurthae alia omnia praeter milites opportuna. denique Romani, ubi intellegunt neque sibi perfugium esse neque ab hoste copiam pugnandi fieri— et iam die vesper erat—adverso colle, sicuti praeceptum fuerat, evadunt. amisso loco Numidae fusi fugatique. pauci interiere, plerosque velocitas et regio hostibus ignara tutata sunt.

Interea Bomilcar, quem elephantis et parti copiarum pedestrium praefectum ab Iugurtha supra diximus, ubi eum Rutilius praetergressus est, paulatim suos in aequom locum deducit ac dum legatus ad flumen, quo praemissus erat, festinans pergit, quietus, uti res postulabat, aciem exornat neque remittit quid ubique hostis ageret explorare. postquam Rutilium consedisse iam et animo vacuum accepit, simulque ex Iugurthae proelio clamorem augeri, veritus ne legatus cognita re laborantibus suis auxilio foret, aciem quam diffidens virtuti militum arte statuerat, quo hostium itineri officeret, latius porrigit eoque modo ad Rutili castra procedit.

Romani ex improviso pulveris vim magnam animadvertunt; nam prospectum ager arbustis consitus prohibebat. et primo rati humum aridam vento agitari, post ubi aequabilem manere, et sicuti acies movebatur, magis magisque appropinquare vident, cognita re properantes arma capiunt ac pro castris, sicuti imperabatur, consistunt. deinde, ubi propius ventum est, utrimque magno clamore concurritur.

Numidae tantum modo remorati, dum in elephantis auxilium putant, postquam eos impeditos ramis arborum atque ita disiectos circumveniri vident, fugam faciunt ac plerique, abiectis armis, collis aut noctis, quae iam aderat, auxilio integri abeunt. elephanti quattuor capti, reliqui omnes numero quadraginta interfecti.

At Romani, quamquam itinere atque opere castrorum
et proelio fessi erant, tamen, quod Metellus amplius opi-
nione morabatur, instructi intentique obviam procedunt.
nam dolus Numidarum nihil languidi neque remissi patie-
batur. ac primo obscura nocte, postquam haud procul inter
se erant, strepitu velut hostes adventare, alteri apud alteros
formidinem simul et tumultum facere et paene imprudentia
admissum facinus miserabile, ni utrimque praemissi equites
rem exploravissent.

Igitur pro metu repente gaudium exortum : milites alius
alium laeti appellant, acta edocent atque audiunt, sua
quisque fortia facta ad caelum fert. quippe res humanae
ita sese habent : in victoria vel ignavis gloriari licet, adversae
res etiam bonos detrectant.

[Ch. XLVI–LIII.]

VERGIL

PUBLIUS VERGILIUS MARO (70–19 B.C.) wrote Eclogues,
or pastoral poems, Georgics, or poems on farming, in which
he followed Hesiod and Aratus, and the Aeneid, an epic
poem in twelve books which owed much to Homer.
Although it is evident he was not entirely original, Vergil
was a great artist, and the felicitous power of his poetry
has made him beloved in all ages. He was a close friend
of Horace and enjoyed the favour and generosity of
Maecenas and the Emperor Augustus himself.

Before the death of Augustus, his poems were read in
schools. Under the Empire they were consulted as oracles
(*sortes Vergilianae*). In the Middle Age, he had a great reputation, and Dante took him for his master and guide. It
would be difficult to estimate his influence on succeeding
generations.

"A CHILD IS BORN"

This poem was interpreted by the early Christian Church
as a prophecy of the birth of the Messiah, and to some
extent accounts for the high place given to Vergil over
other pagan authors.

SICELIDES Musae, paulo maiora canamus!
non omnis arbusta iuvant humilesque myricae:
si canimus silvas, silvae sint consule dignae.

Ultima Cumaei venit iam carminis aetas;
magnus ab integro saeclorum nascitur ordo.
iam redit et virgo, redeunt Saturnia regna,
iam nova progenies caelo demittitur alto.
tu modo nascenti puero, quo ferrea primum
desinet ac toto surget gens aurea mundo,
casta fave Lucina: tuus iam regnat Apollo.

teque adeo decus hoc aevi, te consule, inibit,
Pollio, et incipient magni procedere menses;
te duce, si qua manent sceleris vestigia nostri,
inrita perpetua solvent formidine terras.
ille deum vitam accipiet divisque videbit
permixtos heroas et ipse videbitur illis,
pacatumque reget patriis virtutibus orbem.

At tibi prima, puer, nullo munuscula cultu
errantis hederas passim cum baccare tellus
mixtaque ridenti colocasia fundet acantho.
ipsae lacte domum referent distenta capellae
ubera, nec magnos metuent armenta leones:
ipsa tibi blandos fundent cunabula flores.
occidet et serpens, et fallax herba veneni
occidet; Assyrium vulgo nascetur amomum.
at simul heroum laudes et facta parentis
iam legere et quae sit poteris cognoscere virtus,
molli paulatim flavescit campus arista,
incultisque rubens pendebit sentibus uva
et durae quercus sudabunt roscida mella.

Pauca tamen suberunt priscae vestigia fraudis,
quae temptare Thetin ratibus, quae cingere muris
oppida, quae iubeant telluri infindere sulcos.
alter erit tum Tiphys, et altera quae vehat Argo
delectos heroas; erunt etiam altera bella,
atque iterum ad Troiam magnus mittetur Achilles.

Hinc, ubi iam firmata virum te fecerit aetas,
cedet et ipse mari vector, nec nautica pinus
mutabit merces: omnis feret omnia tellus.
non rastros patietur humus, non vinea falcem;
robustus quoque iam tauris iuga solvet arator;

nec varios discet mentiri lana colores,
ipse sed in pratis aries iam suave rubenti
murice, iam croceo mutabit vellera luto;
sponte sua sandyx pascentis vestiet agnos.

"Talia saecla," suis dixerunt, "currite," fusis
concordes stabili fatorum numine Parcae.
adgredere o magnos (aderit iam tempus) honores,
cara deum suboles, magnum Iovis incrementum!
aspice convexo nutantem pondere mundum,
terrasque tractusque maris caelumque profundum:
aspice venturo laetentur ut omnia saeclo!

O mihi tum longae maneat pars ultima vitae,
spiritus et quantum sat erit tua dicere facta:
non me carminibus vincet nec Thracius Orpheus,
nec Linus, huic mater quamvis atque huic pater adsit,
Orphei Calliopea, Lino formosus Apollo.
Pan etiam, Arcadia mecum si iudice certet,
Pan etiam Arcadia dicat se iudice victum.

Incipe, parve puer, risu cognoscere matrem
(matri longa decem tulerunt fastidia menses),
incipe, parve puer; cui non risere parentes,
nec deus hunc mensa, dea nec dignata cubili est.

[*Ecloga* IV.]

ORPHEUS AND EURYDICE

ORPHEUS, son of the Muse Calliope, had such power as
a musician that wild animals and inanimate things, as well
as human beings, were moved by his playing on the lyre.
His wife, Eurydice, died from the bite of a serpent and
Orpheus followed her down into the underworld.

AT CHORUS aequalis Dryadum clamore supremos
implerunt montes; flerunt Rhodopeiae arces

altaque Pangaea et Rhesi Mavortia tellus
atque Getae atque Hebrus et Actias Orithyia.
ipse cava solans aegrum testudine amorem
te, dulcis coniunx, te solo in litore secum,
te veniente die, te decedente canebat.
Taenarias etiam fauces, alta ostia Ditis,
et caligantem nigra formidine lucum
ingressus, Manesque adiit regemque tremendum,
nesciaque humanis precibus mansuescere corda.

　At cantu commotae Erebi de sedibus imis
umbrae ibant tenues simulacraque luce carentum,
quam multa in foliis avium se millia condunt,
vesper ubi aut hibernus agit de montibus imber,
matres atque viri defunctaque corpora vita
magnanimum heroum, pueri innuptaeque puellae,
impositique rogis iuvenes ante ora parentum;
quos circum limus niger et deformis harundo
Cocyti tardaque palus inamabilis unda
alligat, et noviens Styx interfusa coercet.
quin ipsae stupuere domus atque intima Leti
Tartara caeruleosque implexae crinibus angues
Eumenides, tenuitque inhians tria Cerberus ora,
atque Ixionii vento rota constitit orbis.

　Iamque pedem referens casus evaserat omnes,
redditaque Eurydice superas veniebat ad auras
pone sequens (namque hanc dederat Proserpina legem),
cum subita incautum dementia cepit amantem,
ignoscenda quidem, scirent si ignoscere Manes:
restitit, Eurydicenque suam iam luce sub ipsa
immemor heu victusque animi respexit. ibi omnis
effusus labor atque immitis rupta tyranni

foedera terque fragor stagnis auditus Averni.
  Illa "quis et me" inquit "miseram et te perdidit, Orpheu,
quis tantus furor? en iterum crudelia retro
fata vocant, conditque natantia lumina somnus.
iamque vale: feror ingenti circumdata nocte
invalidasque tibi tendens, heu non tua, palmas."
  Dixit, et ex oculis subito ceu fumus in auras
commixtus tenues fugit diversa, neque illum
prensantem nequiquam umbras et multa volentem
dicere praeterea vidit; nec portitor Orci
amplius obiectam passus transire paludem.
quid faceret? quo se rapta bis coniuge ferret?
quo fletu Manes, qua numina voce moveret?
illa quidem Stygia nabat iam frigida cymba.
  Septem illum totos perhibent ex ordine menses
rupe sub aeria deserti ad Strymonis undam
flevisse, et gelidis haec evolvisse sub antris,
mulcentem tigres et agentem carmine quercus;
qualis populea maerens philomela sub umbra
amissos queritur fetus, quos durus arator
observans nido implumes detraxit; at illa
flet noctem, ramoque sedens miserabile carmen
integrat, et maestis late loca questibus inplet.
nulla Venus, non ulli animum flexere hymenaei.
  Solus hyperboreas glacies Tanaimque nivalem
arvaque Rhipaeis nunquam viduata pruinis
lustrabat, raptam Eurydicen atque irrita Ditis
dona querens; spretae Ciconum quo munere matres
inter sacra deum nocturnique orgia Bacchi
discerptum latos iuvenem sparsere per agros.
tum quoque marmorea caput a cervice revulsum

VERGIL

gurgite cum medio portans Oeagrius Hebrus
volveret, Eurydicen vox ipsa et frigida lingua
"ah! miseram Eurydicen" anima fugiente vocabat,
Eurydicen toto referebant flumine ripae.

[*Georgics* IV 460–527.]

THE FALL OF TROY

AENEAS, son of Anchises and Venus, was one of the Trojan
heroes when the city was besieged for ten years by the
Greeks under the leadership of Agamemnon. After the
capture of the city, he set out with his men to found a new
city which was ultimately Rome, according to the legend
Vergil follows. Iulus, son of Aeneas, he makes the ancestor
of the family to which Julius Caesar and Augustus belonged.
Before Fate brought Aeneas to Italy, he visited Carthage,
and was welcomed by Queen Dido to whom he narrated
the story of the last days of Troy.

CONTICUERE omnes intentique ora tenebant.
inde toro pater Aeneas sic orsus ab alto:
"infandum, regina, iubes renovare dolorem,
Troianas ut opes et lamentabile regnum
eruerint Danai; quaeque ipse miserrima vidi
et quorum pars magna fui. quis talia fando
Myrmidonum Dolopumve aut duri miles Ulixi
temperet a lacrimis? et iam nox umida caelo
praecipitat suadentque cadentia sidera somnos.
sed si tantus amor casus cognoscere nostros
et breviter Troiae supremum audire laborem,
quamquam animus meminisse horret luctuque refugit,
incipiam.
            Fracti bello fatisque repulsi
ductores Danaum, tot iam labentibus annis,

86

instar montis equum divina Palladis arte
aedificant, sectaque intexunt abiete costas:
votum pro reditu simulant, ea fama vagatur.
huc delecta virum sortiti corpora furtim
includunt caeco lateri, penitusque cavernas
ingentes uterumque armato milite complent.

"Est in conspectu Tenedos, notissima fama
insula, dives opum, Priami dum regna manebant,
nunc tantum sinus et statio male fida carinis:
huc se provecti deserto in litore condunt.
nos abiisse rati et vento petiisse Mycenas:
ergo omnis longo solvit se Teucria luctu,
panduntur portae, iuvat ire et Dorica castra
desertosque videre locos litusque relictum.
hic Dolopum manus, hic saevus tendebat Achilles,
classibus hic locus, hic acie certare solebant.

"Pars stupet innuptae donum exitiale Minervae,
et molem mirantur equi; primusque Thymoetes
duci intra muros hortatur et arce locari,
sive dolo seu iam Troiae sic fata ferebant.
at Capys, et quorum melior sententia menti,
aut pelago Danaum insidias suspectaque dona
praecipitare iubent subiectisque urere flammis,
aut terebrare cavas uteri et temptare latebras.
scinditur incertum studia in contraria vulgus.

"Primus ibi ante omnes, magna comitante caterva,
Laocoon ardens summa decurrit ab arce,
et procul 'o miseri, quae tanta insania, cives?
creditis avectos hostes aut ulla putatis
dona carere dolis Danaum? sic notus Ulixes?
aut hoc inclusi ligno occultantur Achivi,

87

aut haec in nostros fabricata est machina muros
inspectura domos venturaque desuper urbi,
aut aliquis latet error: equo ne credite, Teucri:
quidquid id est, timeo Danaos et dona ferentes.'

"Sic fatus validis ingentem viribus hastam
in latus inque feri curvam compagibus alvum
contorsit. stetit illa tremens, uteroque recusso
insonuere cavae gemitumque dedere cavernae.
et si fata deum, si mens non laeva fuisset,
impulerat ferro Argolicas foedare latebras,
Troiaque nunc staret, Priamique arx alta maneres."

[II 1–56.]

The Trojans capture Sinon, who pretends to be a deadly
enemy of the Greeks. They are deceived by his crafty tale
into believing that the horse is a sacred offering to Minerva
and has been made so huge in order that it may not be
taken into the city and so bring good luck to the Trojans.
The Greeks, Sinon says, have gone to Argos to seek the
favour of the goddess.

"Talibus insidiis periurique arte Sinonis
credita res, captique dolis lacrimisque coactis,
quos neque Tydides nec Larissaeus Achilles,
non anni domuere decem, non mille carinae.

"Hic aliud maius miseris multoque tremendum
obiicitur magis, atque improvida pectora turbat.
Laocoon, ductus Neptuno sorte sacerdos,
sollemnes taurum ingentem mactabat ad aras.
ecce autem gemini a Tenedo tranquilla per alta
(horresco referens) immensis orbibus angues
incumbunt pelago, pariterque ad litora tendunt;
pectora quorum inter fluctus arrecta iubaeque

88

sanguineae superant undas, pars cetera pontum
pone legit sinuatque immensa volumine terga.
fit sonitus spumante salo; iamque arva tenebant,
ardentesque oculos suffecti sanguine et igni
sibila lambebant linguis vibrantibus ora.

"Diffugimus visu exsangues. illi agmine certo
Laocoonta petunt, et primum parva duorum
corpora natorum serpens amplexus uterque
implicat et miseros morsu depascitur artus;
post ipsum, auxilio subeuntem ac tela ferentem,
corripiunt spirisque ligant ingentibus, et iam
bis medium amplexi, bis collo squamea circum
terga dati, superant capite et cervicibus altis.

"Ille simul manibus tendit divellere nodos
perfusus sanie vittas atroque veneno,
clamores simul horrendos ad sidera tollit,
qualis mugitus, fugit cum saucius aram
taurus et incertam excussit cervice securim.
at gemini lapsu delubra ad summa dracones
effugiunt saevaeque petunt Tritonidis arcem,
sub pedibusque deae clipeique sub orbe teguntur.

"Tum vero tremefacta novus per pectora cunctis
insinuat pavor, et scelus expendisse merentem
Laocoonta ferunt, sacrum qui cuspide robur
laeserit et tergo sceleratam intorserit hastam.
ducendum ad sedes simulacrum orandaque divae
numina conclamant.

"Dividimus muros et moenia pandimus urbis.
accingunt omnes operi, pedibusque rotarum
subiiciunt lapsus, et stuppea vincula collo
intendunt. scandit fatalis machina muros

89

feta armis. pueri circum innuptaeque puellae
sacra canunt funemque manu contingere gaudent.
illa subit mediaeque minans illabitur urbi.
 "O patria, o divum domus Ilium et inclita bello
moenia Dardanidum! quater ipso in limine portae
substitit atque utero sonitum quater arma dedere:
instamus tamen immemores caecique furore,
et monstrum infelix sacrata sistimus arce."

[II 195–245.]

During the night the Greeks come out of the horse and
open the gates, while Aeneas sees in a dream Hector who
warns him to flee·from the ruin of the city.

 "Diverso interea miscentur moenia luctu,
et magis atque magis, quamquam secreta parentis
Anchisae domus arboribusque obtecta recessit,
clarescunt sonitus armorumque ingruit horror.
 "Excutior somno, et summi fastigia tecti
ascensu supero atque arrectis auribus asto:
in segetem veluti cum flamma furentibus Austris
incidit, aut rapidus montano flumine torrens
sternit agros, sternit sata laeta boumque labores,
praecipitesque trahit silvas; stupet inscius alto
accipiens sonitum saxi de vertice pastor.
 "Tum vero manifesta fides, Danaumque patescunt
insidiae. iam Deiphobi dedit ampla ruinam
Vulcano superante domus, iam proximus ardet
Ucalegon, Sigea igni freta lata relucent.
exoritur clamorque virum clangorque tubarum.
 "Arma amens capio; nec sat rationis in armis,
sed glomerare manum bello et concurrere in arcem

90

cum sociis ardent animi; furor iraque mentem
praecipitant, pulchrumque mori succurrit in armis.
  "Ecce autem telis Panthus elapsus Achivum,
Panthus Othryades, arcis Phoebique sacerdos,
sacra manu victosque deos parvumque nepotem
ipse trahit, cursuque amens ad limina tendit.
  "'Quo res summa loco, Panthu? quam prendimus
    arcem?'
vix ea fatus eram, gemitu cum talia reddit:
'venit summa dies et ineluctabile tempus
Dardaniae. fuimus Troes, fuit Ilium et ingens
gloria Teucrorum; ferus omnia Iuppiter Argos
transtulit; incensa Danai dominantur in urbe.
arduus armatos mediis in moenibus astans
fundit equus, victorque Sinon incendia miscet
insultans. portis alii bipatentibus adsunt,
millia quot magnis unquam venere Mycenis;
obsedere alii telis angusta viarum
oppositi: stat ferri acies mucrone corusco
stricta, parata neci: vix primi proelia temptant
portarum vigiles et caeco Marte resistunt.'
  "Talibus Othryadae dictis et numine divum
in flammas et in arma feror, quo tristis Erinys,
quo fremitus vocat et sublatus ad aethera clamor.
addunt se socios Rhipeus et maximus armis
Epytus, oblati per lunam, Hypanisque Dymasque,
et lateri agglomerant nostro, iuvenisque Coroebus
Mygdonides: illis ad Troiam forte diebus
venerat insano Cassandrae incensus amore,
et gener auxilium Priamo Phrygibusque ferebat,
infelix qui non sponsae praecepta furentis

91

audierit.

"Quos ubi confertos audere in proelia vidi
incipio super his: 'iuvenes, fortissima frustra
pectora, si vobis audentem extrema cupido
certa sequi, quae sit rebus fortuna videtis.
excessere omnes adytis arisque relictis
di, quibus imperium hoc steterat; succurritis urbi
incensae: moriamur, et in media arma ruamus.
una salus victis nullam sperare salutem.'

"Sic animis iuvenum furor additus. inde lupi ceu
raptores atra in nebula, quos improba ventris
exegit caecos rabies, catulique relicti
faucibus exspectant siccis, per tela, per hostes
vadimus haud dubiam in mortem, mediaeque tenemus
urbis iter: nox atra cava circumvolat umbra.

"Quis cladem illius noctis, quis funera fando
explicet aut possit lacrimis aequare labores?
urbs antiqua ruit multos dominata per annos;
plurima perque vias sternuntur inertia passim
corpora perque domos et religiosa deorum
limina. nec soli poenas dant sanguine Teucri:
quondam etiam victis redit in praecordia virtus,
victoresque cadunt Danai. crudelis ubique
luctus, ubique pavor et plurima mortis imago.

"Primus se, Danaum magna comitante caterva,
Androgeos offert nobis, socia agmina credens,
inscius, atque ultro verbis compellat amicis:
'festinate, viri. nam quae tam sera moratur
segnities? alii rapiunt incensa feruntque
Pergama. vos celsis nunc primum a navibus itis?'
dixit, et extemplo, neque enim responsa dabantur
fida satis, sensit medios delapsus in hostes.

obstipuit retroque pedem cum voce repressit.
improvisum aspris veluti qui sentibus anguem
pressit humi nitens, trepidusque repente refugit
attollentem iras et caerula colla tumentem:
haud secus Androgeos visu tremefactus abibat.

"Irruimus densis et circumfundimur armis,
ignarosque loci passim et formidine captos
sternimus: aspirat primo Fortuna labori.
atque hic successu exsultans animisque Coroebus
'o socii, qua prima' inquit 'fortuna salutis
monstrat iter, quaque ostendit se dextra, sequamur:
mutemus clipeos, Danaumque insignia nobis
aptemus. dolus an virtus, quis in hoste requirat?
arma dabunt ipsi.' sic fatus deinde comantem
Androgei galeam clipeique insigne decorum
induitur, laterique Argivum accommodat ensem.
hoc Rhipeus, hoc ipse Dymas omnisque iuventus
laeta facit. spoliis se quisque recentibus armat.
vadimus immixti Danais haud numine nostro,
multaque per caecam congressi proelia noctem
conserimus, multos Danaum demittimus Orco.
diffugiunt alii ad naves et litora cursu
fida petunt, pars ingentem formidine turpi
scandunt rursus equum et nota conduntur in alvo."

[II 298–401.]

After recounting the fate of some of his friends in the uproar and confusion of the night, Aeneas tells how Pyrrhus
led the attack on the palace of the aged king, Priam.

"Vestibulum ante ipsum primoque in limine Pyrrhus
exsultat, telis et luce coruscus aëna;
qualis ubi in lucem coluber mala gramina pastus,

93

frigida sub terra tumidum quem bruma tegebat,
nunc, positis novus exuviis nitidusque iuventa,
lubrica convolvit sublato pectore terga
arduus ad solem, et linguis micat ore trisulcis.
una ingens Periphas et equorum agitator Achillis,
armiger Automedon, una omnis Scyria pubes
succedunt tecto, et flammas ad culmina iactant.
ipse inter primos correpta dura bipenni
limina perrumpit, postesque a cardine vellit
aeratos; iamque excisa trabe firma cavavit
robora et ingentem lato dedit ore fenestram.
apparet domus intus et atria longa patescunt,
apparent Priami et veterum penetralia regum,
armatosque vident stantes in limine primo.

"At domus interior gemitu miseroque tumultu
miscetur, penitusque cavae plangoribus aedes
femineis ululant: ferit aurea sidera clamor.
tum pavidae tectis matres ingentibus errant,
amplexaeque tenent postes atque oscula figunt.
instat vi patria Pyrrhus; nec claustra nec ipsi
custodes sufferre valent; labat ariete crebro
ianua, et emoti procumbunt cardine postes;
fit via vi; rumpunt aditus primosque trucidant
immissi Danai et late loca milite complent.

"Non sic, aggeribus ruptis cum spumeus amnis
exiit oppositasque evicit gurgite moles,
fertur in arva furens cumulo, camposque per omnes
cum stabulis armenta trahit. vidi ipse furentem
caede Neoptolemum geminosque in limine Atridas,
vidi Hecubam centumque nurus Priamumque per aras,
sanguine foedantem quos ipse sacraverat ignes.
quinquaginta illi thalami, spes tanta nepotum,

barbarico postes auro spoliisque superbi
procubuere; tenent Danai, qua deficit ignis.
    "Forsitan et Priami fuerint quae fata requiras.
urbis uti captae casum convulsaque vidit
limina tectorum et medium in penetralibus hostem,
arma diu senior desueta trementibus aevo
circumdat nequiquam umeris, et inutile ferrum
cingitur, ac densos fertur moriturus in hostes.
    "Aedibus in mediis nudoque sub aetheris axe
ingens ara fuit iuxtaque veterrima laurus,
incumbens arae atque umbra complexa Penates.
hic Hecuba et natae nequiquam altaria circum,
praecipites atra ceu tempestate columbae,
condensae et divum amplexae simulacra sedebant.
    "Ipsum autem sumptis Priamum iuvenalibus armis
ut vidit, 'quae mens tam dira, miserrime coniunx,
impulit his cingi telis? aut quo ruis?' inquit.
'non tali auxilio nec defensoribus istis
tempus eget, non, si ipse meus nunc afforet Hector.
huc tandem concede; haec ara tuebitur omnes,
aut moriere simul.' sic ore effata recepit
ad sese et sacra longaevum in sede locavit.
    "Ecce autem elapsus Pyrrhi de caede Polites,
unus natorum Priami, per tela, per hostes
porticibus longis fugit et vacua atria lustrat
saucius. illum ardens infesto vulnere Pyrrhus
insequitur, iam iamque manu tenet et premit hasta.
ut tandem ante oculos evasit et ora parentum,
concidit ac multo vitam cum sanguine fudit.
    "Hic Priamus, quamquam in media iam morte tenetur,
non tamen abstinuit, nec voci iraeque pepercit:
'at tibi pro scelere,' exclamat, 'pro talibus ausis

95

di, si qua est caelo pietas, quae talia curet,
persolvant grates dignas et praemia reddant
debita, qui nati coram me cernere letum
fecisti et patrios foedasti funere vultus.
at non ille, satum quo te mentiris, Achilles
talis in hoste fuit Priamo; sed iura fidemque
supplicis erubuit, corpusque exsangue sepulcro
reddidit Hectoreum, meque in mea regna remisit.'

"Sic fatus senior, telumque imbelle sine ictu
coniecit, rauco quod protinus aere repulsum,
et summo clipei nequiquam umbone pependit.

"Cui Pyrrhus 'referes ergo haec et nuntius ibis
Pelidae genitori. illi mea tristia facta
degeneremque Neoptolemum narrare memento:
nunc morere.' hoc dicens altaria ad ipsa trementem
traxit et in multo lapsantem sanguine nati,
implicuitque coma laevam, dextraque coruscum
extulit ac lateri capulo tenus abdidit ensem.

"Haec finis Priami fatorum; hic exitus illum
sorte tulit, Troiam incensam et prolapsa videntem
Pergama, tot quondam populis terrisque superbum
regnatorem Asiae. iacet ingens litore truncus
avulsumque umeris caput et sine nomine corpus.

"At me tum primum saevus circumstetit horror.
obstipui; subiit cari genitoris imago,
ut regem aequaevum crudeli vulnere vidi
vitam exhalantem; subiit deserta Creusa
et direpta domus et parvi casus Iuli.
respicio et, quae sit me circum copia, lustro.
deseruere omnes defessi, et corpora saltu
ad terram misere aut ignibus aegra dedere."

[II 469–566.]

96

NISUS AND EURYALUS

AENEAS and his companions wandered about the Mediterranean for seven years, seeking the place where the City was to be founded. At length they came to Italy. An alliance was made with Latinus, King of Latium, and Aeneas married his daughter, Lavinia. Turnus, King of the Rutuli, who lived in a part of Latium, had previously been engaged to Lavinia, and now made war on Aeneas. The following extract narrates the adventure of two young soldiers in their attempt to break through the Rutulian camp at night and bring news to Aeneas, who has gone to visit his ally Evander in the town of Pallanteum.

NISUS erat portae custos, acerrimus armis,
Hyrtacides, comitem Aeneae quem miserat Ida
venatrix iaculo celerem levibusque sagittis;
et iuxta comes Euryalus, quo pulchrior alter
non fuit Aeneadum Troiana neque induit arma,
ora puer prima signans intonsa iuventa.
his amor unus erat, pariterque in bella ruebant;
tum quoque communi portam statione tenebant.
  Nisus ait: "dine hunc ardorem mentibus addunt,
Euryale, an sua cuique deus fit dira cupido?
aut pugnam aut aliquid iamdudum invadere magnum
mens agitat mihi, nec placida contenta quiete est.
cernis, quae Rutulos habeat fiducia rerum.
lumina rara micant; somno vinoque soluti
procubuere; silent late loca; percipe porro,
quid dubitem et quae nunc animo sententia surgat.
Aenean acciri omnes, populusque patresque,
exposcunt, mittique viros qui certa reportent.

si tibi quae posco promittunt (nam mihi facti
fama sat est), tumulo videor reperire sub illo
posse viam ad muros et moenia Pallantea."
  Obstipuit magno laudum percussus amore
Euryalus; simul his ardentem affatur amicum:
"mene igitur socium summis adiungere rebus,
Nise, fugis? solum te in tanta pericula mittam?
non ita me genitor, bellis adsuetus Opheltes,
Argolicum terrorem inter Troiaeque labores
sublatum erudiit, nec tecum talia gessi,
magnanimum Aenean et fata extrema secutus.
est hic, est animus lucis contemptor et istum
qui vita bene credat emi, quo tendis, honorem."
  Nisus ad haec: "equidem de te nil tale verebar,
nec fas, non, ita me referat tibi magnus ovantem
Iuppiter aut quicumque oculis haec aspicit aequis.
sed si quis, quae multa vides discrimine tali,
si quis in adversum rapiat casusve deusve,
te superesse velim: tua vita dignior aetas.
sit qui me raptum pugna pretiove redemptum
mandet humo solita, aut si qua id Fortuna vetabit,
absenti ferat inferias decoretque sepulcro.
neu matri miserae tanti sim causa doloris,
quae te sola, puer, multis e matribus ausa
persequitur, magni nec moenia curat Acestae."
  Ille autem "causas nequiquam nectis inanes,
nec mea iam mutata loco sententia cedit:
acceleremus" ait. vigiles simul excitat; illi
succedunt servantque vices: statione relicta
ipse comes Niso graditur, regemque requirunt.

They find the chieftains holding a council of war on the
question of sending a messenger to Aeneas. They volunteer
and are accepted.

Egressi superant fossas noctisque per umbram
castra inimica petunt, multis tamen ante futuri
exitio. passim somno vinoque per herbam
corpora fusa vident, arrectos litore currus,
inter lora rotasque viros, simul arma iacere,
vina simul. prior Hyrtacides sic ore locutus:
"Euryale, audendum dextra; nunc ipsa vocat res.
hac iter est. tu, ne qua manus se attollere nobis
a tergo possit, custodi et consule longe;
haec ego vasta dabo, et lato te limite ducam."

Sic memorat vocemque premit: simul ense superbum
Rhamnetem aggreditur, qui forte tapetibus altis
exstructus toto proflabat pectore somnum,
rex idem et regi Turno gratissimus augur;
sed non augurio potuit depellere pestem.

Tres iuxta famulos temere inter tela iacentes,
armigerumque Remi premit aurigamque sub ipsis
nactus equis, ferroque secat pendentia colla;
tum caput ipsi aufert domino truncumque relinquit
sanguine singultantem: atro tepefacta cruore
terra torique madent. nec non Lamyrumque Lamumque
et iuvenem Serranum, illa qui plurima nocte
luserat, insignis facie, multoque iacebat
membra deo victus: felix, si protinus illum
aequasset nocti ludum in lucemque tulisset.
impastus ceu plena leo per ovilia turbans
(suadet enim vesana fames) manditque trahitque
molle pecus mutumque metu, fremit ore cruento.

Nec minor Euryali caedes; incensus et ipse
perfurit ac multam in medio sine nomine plebem,
Fadumque Herbesumque subit Rhoetumque Abarimque,
ignaros, Rhoetum vigilantem et cuncta videntem,
sed magnum metuens se post cratera tegebat;
pectore in adverso totum cui comminus ensem
condidit assurgenti et multa morte recepit:
purpuream vomit ille animam et cum sanguine mixta
vina refert moriens; hic furto fervidus instat.

Iamque ad Messapi socios tendebat; ibi ignem
deficere extremum et religatos rite videbat
carpere gramen equos: breviter cum talia Nisus
(sensit enim nimia caede atque cupidine ferri)
"absistamus" ait, "nam lux inimica propinquat.
poenarum exhaustum satis est, via facta per hostes."

Multa virum solido argento perfecta relinquunt
armaque craterasque simul pulchrosque tapetas.
Euryalus phaleras Rhamnetis et aurea bullis
cingula, Tiburti Remulo ditissimus olim
quae mittit dona, hospitio cum iungeret absens
Caedicus; ille suo moriens dat habere nepoti;
post mortem bello Rutuli pugnaque potiti;
haec rapit atque umeris nequiquam fortibus aptat.
tum galeam Messapi habilem cristisque decoram
induit. excedunt castris et tuta capessunt.

Interea praemissi equites ex urbe Latina,
cetera dum legio campis instructa moratur,
ibant et Turno regi responsa ferebant,
ter centum, scutati omnes, Volcente magistro.
iamque propinquabant castris murosque subibant,
cum procul hos laevo flectentes limite cernunt,

et galea Euryalum sublustri noctis in umbra
prodidit immemorem radiisque adversa refulsit.
    Haud temere est visum. conclamat ab agmine Volcens:
"state, viri. quae causa viae? quive estis in armis?
quove tenetis iter?" nihil illi tendere contra,
sed celerare fugam in silvas et fidere nocti.
obiciunt equites sese ad divortia nota
hinc atque hinc omnemque abitum custode coronant.
    Silva fuit late dumis atque ilice nigra
horrida, quem densi complerant undique sentes:
rara per occultos lucebat semita calles.
Euryalum tenebrae ramorum onerosaque praeda
impediunt, fallitque timor regione viarum.
Nisus abit. iamque imprudens evaserat hostes,
ut stetit et frustra absentem respexit amicum,
"Euryale infelix, qua te regione reliqui?
quave sequar, rursus perplexum iter omne revolvens
fallacis silvae?" simul et vestigia retro
observata legit dumisque silentibus errat.
audit equos, audit strepitus et signa sequentum.
nec longum in medio tempus, cum clamor ad aures
pervenit, ac videt Euryalum quem iam manus omnis
fraude loci et noctis, subito turbante tumultu,
oppressum rapit et conantem plurima frustra.
    Quid faciat? qua vi iuvenem, quibus audeat armis
eripere? an sese medios moriturus in enses
inferat, et pulchram properet per vulnera mortem?
ocius adducto torquet hastile lacerto
suspiciens altam Lunam, et sic voce precatur:
"tu, dea, tu praesens nostro succurre labori,
astrorum decus et nemorum Latonia custos.

si qua tuis unquam pro me pater Hyrtacus aris
dona tulit, si qua ipse meis venatibus auxi
suspendive tholo, aut sacra ad fastigia fixi,
hunc sine me turbare globum et rege tela per auras."
    Dixerat, et toto conixus corpore ferrum
coniicit: hasta volans noctis diverberat umbras,
et venit aversi in tergum Sulmonis ibique
frangitur ac fisso transit praecordia ligno.
volvitur ille vomens calidum de pectore flumen
frigidus, et longis singultibus ilia pulsat.
diversi circumspiciunt. hoc acrior idem
ecce aliud summa telum librabat ab aure.
dum trepidant, iit hasta Tago per tempus utrumque
stridens, traiectoque haesit tepefacta cerebro.
    Saevit atrox Volcens, nec teli conspicit usquam
auctorem, nec quo se ardens immittere possit.
"tu tamen interea calido mihi sanguine poenas
persolves amborum" inquit; simul ense recluso
ibat in Euryalum. tum vero exterritus, amens
conclamat Nisus, nec se celare tenebris
amplius aut tantum potuit perferre dolorem:
"me, me— adsum qui feci— in me convertite ferrum,
o Rutuli: mea fraus omnis; nihil iste nec ausus
nec potuit; caelum hoc et conscia sidera testor."
tantum infelicem nimium dilexit amicum.
    Talia dicta dabat; sed viribus ensis adactus
transadigit costas et candida pectora rumpit.
volvitur Euryalus leto, pulchrosque per artus
it cruor, inque umeros cervix collapsa recumbit:
purpureus veluti cum flos succisus aratro
languescit moriens, lassove papavera collo
demisere caput, pluvia cum forte gravantur.

At Nisus ruit in medios solumque per omnes
Volcentem petit, in solo Volcente moratur.
quem circum glomerati hostes hinc comminus atque hinc
proturbant. instat non setius ac rotat ensem
fulmineum, donec Rutuli clamantis in ore
condidit adverso et moriens animam abstulit hosti.
tum super exanimum sese proiecit amicum
confossus, placidaque ibi demum morte quievit.

Fortunati ambo! si quid mea carmina possunt,
nulla dies unquam memori vos eximet aevo,
dum domus Aeneae Capitoli immobile saxum
accolet, imperiumque pater Romanus habebit.

[*Aeneid* IX 176–499.]

CICERO

MARCUS TULLIUS CICERO was born at Arpinum,
106 B.C. Although he was the first of his family to hold
curule magistracy (*novus homo*), he attained to the highest
office in the State. He is most famous as an orator, and
has never been excelled in eloquent use of the Latin
language. In politics, he favoured the republican party,
and looked to Pompey as the champion of conservatism.
He refused to accept Caesar's overtures to win his support,
and his vehement attacks on Mark Antony in the Phil-
ippic Orations led to his downfall. He was beheaded in
43 B.C.

Besides his many speeches, Cicero also wrote on Philo-
sophy, Oratory and Politics and over 800 of his letters
have been preserved. No person in antiquity is so inti-
mately known to us. In spite of this, his reputation for
energy, high ability and true patriotism remains unscathed.

CATILINE

i. THE CONSPIRATOR DENOUNCED

The conspiracy of Catiline was exposed by Cicero in
63 B.C., the year of his consulship. It was directed against
the government and was supported by members of the
younger nobility. Cicero showed remarkable vigour and
sagacity in unravelling the plans of the conspirators. He
boldly attacked Catiline in a speech before the Senate, but
had not sufficient evidence to take further action.

Quo usque tandem abutere, Catilina, patientia nostra?
quam diu etiam furor iste tuus nos eludet? quem ad finem
sese effrenata iactabit audacia? nihilne te nocturnum praesidium Palati, nihil urbis vigiliae, nihil timor populi, nihil
concursus bonorum omnium, nihil hic munitissimus ha-

bendi senatus locus, nihil horum ora voltusque moverunt?
patere tua consilia non sentis, constrictam iam horum
omnium scientia teneri coniurationem tuam non vides?
quid proxima, quid superiore nocte egeris, ubi fueris, quos
convocaveris, quid consilii ceperis, quem nostrum ignorare
arbitraris?

O tempora! O mores! Senatus haec intelligit: consul
videt: hic tamen vivit. vivit? immo vero etiam in senatum
venit, fit publici consilii particeps, notat et designat oculis
ad. caedem unum quemque nostrum. nos autem, fortes
viri, satis facere rei publicae videmur, si istius furorem ac
tela vitemus. ad mortem te, Catilina, duci iussu consulis
iam pridem oportebat, in te conferri pestem, quam tu in
nos omnes iam diu machinaris. an vero vir amplissimus,
P. Scipio, pontifex maximus, Ti. Gracchum mediocriter
labefactantem statum reipublicae privatus interfecit: Catilinam orbem terrae caede atque incendiis vastare cupientem
nos consules perferemus? nam illa nimis antiqua praetereo,
quod C. Servilius Ahala Sp. Maelium novis rebus studentem
manu sua occidit.

Fuit, fuit ista quondam in hac republica virtus, ut viri
fortes acrioribus suppliciis civem perniciosum quam acerbis-
simum hostem coercerent. habemus senatus consultum in
te, Catilina, vehemens et grave; non deest reipublicae
consilium neque auctoritas huius ordinis; nos, nos, dico
aperte, consules desumus.

Decrevit quondam senatus ut L. Opimius consul videret
ne quid respublica detrimenti caperet: nox nulla intercessit:
interfectus est propter quasdam seditionum suspiciones
C. Gracchus, clarissimo patre, avo, maioribus, occisus est
cum liberis M. Fulvius consularis. simili senatus consulto,

C. Mario et L. Valerio consulibus est permissa res publica.
num unum diem postea L. Saturninum tribunum plebis et
C. Servilium praetorem mors ac rei publicae poena re-
morata est? at nos vicesimum iam diem patimur hebescere
aciem horum auctoritatis. habemus enim huiusce modi
senatus consultum, verum inclusum in tabulis tanquam in
vagina reconditum, quo ex senatus consulto confestim te
interfectum esse, Catilina, convenit. vivis, et vivis non ad
deponendam, sed ad confirmandam audaciam.

Cupio, patres conscripti, me esse clementem, cupio in
tantis rei publicae periculis me non dissolutum videri, sed
iam me ipse inertiae nequitiaeque condemno. castra sunt
in Italia contra populum Romanum in Etruriae faucibus
conlocata, crescit in dies singulos hostium numerus; eorum
autem castrorum imperatorem ducemque hostium intra
moenia atque adeo in senatu videmus intestinam aliquam cotidie perniciem rei publicae molientem. si te iam,
Catilina, comprehendi, si interfici iussero, credo erit veren-
dum mihi, ne non potius hoc omnes boni serius a me quam
quisquam crudelius factum esse dicat. verum ego hoc, quod
iam pridem factum esse oportuit, certa de causa nondum
adducor ut faciam.

Tum denique interficiere, cum iam nemo tam improbus,
tam perditus, tam tui similis inveniri poterit, qui id non
iure factum esse fateatur. quamdiu quisquam erit, qui te
defendere audeat, vives, sed vives ita ut nunc vivis, multis
meis et firmis praesidiis obsessus, ne commovere te contra
rem publicam possis. multorum te etiam oculi et aures
non sentientem, sicut adhuc fecerunt, speculabuntur atque
custodient.

Etenim quid est, Catilina, quod iam amplius expectes,

si neque nox tenebris obscurare coeptus nefarios nec privata domus parietibus continere voces coniurationis tuae potest, si illustrantur, si erumpunt omnia? muta iam istam mentem, mihi crede: obliviscere caedis atque incendiorum. teneris undique: luce sunt clariora nobis tua consilia omnia; quae iam mecum licet recognoscas.

Meministine me ante diem xii Kalendas Novembris dicere in senatu fore in armis certo die, qui dies futurus esset ante diem vi Kal. Novembris, C. Manlium, audaciae satellitem atque administrum tuae? num me fefellit, Catilina, non modo res tanta, tam atrox tamque incredibilis, verum, id quod multo magis est admirandum, dies? dixi ego idem in senatu caedem te optimatium contulisse in ante diem v Kalendas Novembris, tum cum multi principes civitatis Roma non tam sui conservandi quam tuorum consiliorum reprimendorum causa profugerunt. num infitiari potes te illo ipso die meis praesidiis, mea diligentia circumclusum commovere te contra rempublicam non potuisse, cum tu discessu ceterorum nostra tamen, qui remansissemus, caede te contentum esse dicebas? quid? cum te Praeneste Kalendis ipsis Novembribus occupaturum nocturno impetu esse confideres, sensistine illam coloniam meo iussu, meis praesidiis, custodiis, vigiliis esse munitam?

Nihil agis, nihil moliris, nihil cogitas, quod non ego non modo audiam, sed etiam videam planeque sentiam. recognosce tandem mecum noctem illam superiorem; iam intelleges multo me vigilare acrius ad salutem quam te ad perniciem reipublicae. dico te priore nocte venisse inter falcarios (non agam obscure) in M. Laecae domum; convenisse eodem complures eiusdem amentiae scelerisque socios. num negare audes? quid taces? convincam, si

negas. video enim esse hic in senatu quosdam, qui tecum
una fuerunt.

O di immortales! ubinam gentium sumus? in qua urbe
vivimus? quam rempublicam habemus? hic, hic sunt in
nostro numero, patres conscripti, in hoc orbis terrae sanc-
tissimo gravissimoque consilio, qui de nostro omnium
interitu, qui de huius urbis atque adeo de orbis terrarum
exitio cogitent! hos ego video consul et de republica
sententiam rogo et, quos ferro trucidari oportebat, eos
nondum voce vulnero!

Fuisti igitur apud Laecam illa nocte, Catilina, distri-
buisti partes Italiae, statuisti, quo quemque proficisci
placeret, deligisti, quos Romae relinqueres, quos tecum
educeres, discripsisti urbis partes ad incendia, confirmasti
te ipsum iam esse exiturum, dixisti paulum tibi esse etiam
nunc morae, quod ego viverem. reperti sunt duo equites
Romani, qui te ista cura liberarent et sese illa ipsa nocte
paulo ante lucem me in meo lectulo interfecturos pollicerentur. haec ego omnia vixdum etiam coetu vestro
dimisso comperi; domum meam maioribus praesidiis
munivi atque firmavi, exclusi eos, quos tu ad me salutatum
mane miseras, cum illi ipsi venissent, quos ego iam multis
ac summis viris ad me id temporis venturos esse praedixeram.

Quae cum ita sint, Catilina, perge, quo coepisti, egredere
aliquando ex urbe: patent portae: proficiscere. nimium
diu te imperatorem tua illa Manliana castra desiderant.
educ tecum etiam omnes tuos, si minus, quam plurimos:
purga urbem. magno me metu liberabis, dum modo inter
me atque te murus intersit. nobiscum versari iam diutius
non potes: non feram, non patiar, non sinam. magna dis
immortalibus habenda est atque huic ipsi Iovi Statori,

antiquissimo custodi huius urbis, gratia, quod hanc tam
taetram, tam horribilem tamque infestam reipublicae pestem
totiens iam effugimus. non est saepius in uno homine
summa salus periclitanda reipublicae.

Nunc vero quae tua est ista vita? sic enim iam tecum
loquar, non ut odio permotus esse videar, quo debeo, sed
ut misericordia, quae tibi nulla debetur. venisti paulo ante
in senatum. quis te ex hac tanta frequentia totque tuis
amicis ac necessariis salutavit? si hoc post hominum me-
moriam contigit nemini, vocis exspectas contumeliam, cum
sis gravissimo iudicio taciturnitatis oppressus? quid, quod
adventu tuo ista subsellia vacuefacta sunt, quod omnes
consulares, qui tibi persaepe ad caedem constituti fuerunt,
simul atque adsedisti, partem istam subselliorum nudam
atque inanem reliquerunt, quo tandem animo hoc tibi
ferendum putas?

Servi mehercule mei si me isto pacto metuerent, ut te
metuunt omnes cives tui, domum meam relinquendam
putarem; tu tibi urbem non arbitraris? et, si me meis
civibus iniuria suspectum tam graviter atque offensum
viderem, carere me aspectu civium quam infestis omnium
oculis conspici mallem; tu cum conscientia scelerum tuorum
agnoscas odium omnium iustum et iam diu tibi debitum,
dubitas, quorum mentes sensusque volneras, eorum aspec-
tum praesentiamque vitare?

Si te parentes timerent atque odissent tui neque eos ulla
ratione placare posses, ut opinor, ab eorum oculis aliquo
concederes. nunc te patria, quae communis est parens
omnium nostrum, odit ac metuit et iam diu nihil te iudi-
cat nisi de parricidio suo cogitare; huius tu neque auctori-
tatem verebere nec iudicium sequere nec vim pertimesces?

CICERO

Quae tecum, Catilina, sic agit et quodam modo tacita
loquitur: "nullum iam aliquot annis facinus exstitit nisi
per te, nullum flagitium sine te; tibi uni multorum civium
neces, tibi vexatio direptioque sociorum impunita fuit ac
libera; tu non solum ad neglegendas leges et quaestiones,
verum etiam ad evertendas perfringendasque valuisti.
superiora illa, quamquam ferenda non fuerunt, tamen, ut
potui, tuli; nunc vero me totam esse in metu propter
unum te, quicquid increpuerit, Catilinam timeri, nullum
videri contra me consilium iniri posse, quod a tuo scelere
abhorreat, non est ferendum. quam ob rem discede atque
hunc mihi timorem eripe; si est verus, ne opprimar, sin
falsus, ut tandem aliquando timere desinam." haec si
tecum, ita ut dixi, patria loquatur, nonne impetrare debeat,
etiamsi vim adhibere non possit? [*In Catilinam* I 1-5, 7.]

ii. THE PLOT FRUSTRATED

AFTER Cicero's first speech, Catiline left Rome. The
discovery of incriminating correspondence between the
other leaders in the plot and envoys from the Allobroges
gave Cicero the necessary evidence. He immediately
arraigned them in the Senate. They were condemned to
death and executed the same night in prison. Catiline
was killed in battle the following year. This speech was
delivered before the people in the Forum. Cicero tells
them what has just happened at the meeting of the Senate
in the Temple of Concord.

PRINCIPIO, ut Catilina paucis ante diebus erupit ex Urbe,
cum sceleris sui socios, huiusce nefarii belli acerrimos
duces, Romae reliquisset, semper vigilavi et providi,
Quirites, quemadmodum in tantis et tam absconditis
insidiis salvi esse possemus. nam tum, cum ex Urbe
Catilinam eiciebam, (non enim iam vereor huius verbi

invidiam, cum illa magis sit timenda, quod vivus exierit,)
sed tum, cum illum exterminari volebam, aut reliquam
coniuratorum manum simul exituram, aut eos, qui resti-
tissent, infirmos sine illo ac debiles fore putabam. atque
ego ut vidi, quos maximo furore et scelere esse inflammatos
sciebam, eos nobiscum esse et Romae remansisse, in eo
omnes dies noctesque consumpsi, ut, quid agerent, quid
molirentur, sentirem ac viderem.

Itaque ut comperi legatos Allobrogum, belli Transalpini
et tumultus Gallici excitandi causa, a P. Lentulo esse sol-
licitatos, eosque in Galliam ad suos cives, eodemque itinere
cum litteris mandatisque ad Catilinam esse missos, comi-
temque eis adiunctum T. Volturcium, atque huic esse ad
Catilinam datas litteras, facultatem mihi oblatam putavi, ut,
(quod erat difficillimum, quodque ego semper optabam a
dis immortalibus,) ut tota res non solum a me sed etiam a
senatu et a vobis manifesta deprehenderetur.

Itaque hesterno die L. Flaccum et C. Pomptinum
praetores, fortissimos atque amantissimos reipublicae viros,
ad me vocavi, rem omnem exposui, quid fieri placeret
ostendi. illi autem, qui omnia de republica praeclara
atque egregia sentirent, sine recusatione ac sine ulla mora
negotium susceperunt, et cum advesperasceret occulte ad
pontem Mulvium pervenerunt, atque ibi in proximis
villis bipartito fuerunt ut Tiberis inter eos et pons inter-
esset. eodem autem et ipsi sine cuiusquam suspicione
multos fortes viros eduxerunt, et ego ex praefectura
Reatina complures delectos adulescentes, quorum opera
utor adsidue in reipublicae praesidio, cum gladiis miseram.

Interim tertia fere vigilia exacta, cum iam pontem
Mulvium magno comitatu legati Allobrogum ingredi inci-

perent unaque Volturcius, fit in eos impetus; educuntur et
ab illis gladii et a nostris. res praetoribus erat nota solis: igno-
rabatur a ceteris. tum interventu Pomptini atque Flacci
pugna, quae erat commissa, sedatur. litterae, quaecumque
erant in eo comitatu, integris signis, praetoribus traduntur :
ipsi comprehensi ad me, cum iam dilucesceret, deducuntur.

Atque horum omnium scelerum improbissimum machi-
natorem, Cimbrum Gabinium, statim ad me, nihildum
suspicantem, vocavi. deinde item accersitus est P. Statilius
et post eum C. Cethegus. tardissime autem Lentulus venit,
credo quod in litteris dandis praeter consuetudinem proxima
nocte vigilarat. cum vero summis ac clarissimis huius
civitatis viris, qui, audita re, frequentes ad me mane convenerant, litteras a me prius aperiri quam ad senatum
deferri placeret, ne, si nihil esset inventum, temere a me
tantus tumultus iniectus civitati videretur, negavi me esse
facturum, ut de periculo publico non ad consilium publicum
rem integram deferrem. etenim, Quirites, si ea, quae erant
ad me delata, reperta non essent, tamen ego non arbitrabar
in tantis reipublicae periculis esse mihi nimiam diligentiam
pertimescendam. senatum frequentem celeriter, ut vidistis,
coegi.

Atque interea statim, admonitu Allobrogum, C. Sulpicium praetorem, fortem virum, misi, qui ex aedibus
Cethegi, si quid telorum esset, efferret; ex quibus ille
maximum sicarum numerum et gladiorum extulit.

Introduxi Volturcium sine Gallis, fidem publicam iussu
senatus dedi, hortatus sum, ut ea, quae sciret, sine timore
indicaret. tum ille dixit, cum vix se ex magno timore recre-
asset, a P. Lentulo se habere ad Catilinam mandata et
litteras, ut servorum praesidio uteretur et ad Urbem quam

primum cum exercitu accederet; id autem eo consilio, ut, cum Urbem ex omnibus partibus, quem ad modum discriptum distributumque erat, incendissent, caedemque infinitam civium fecissent, praesto esset ille, qui et fugientes exciperet, et se cum his urbanis ducibus coniungeret.

Introducti autem Galli iusiurandum sibi et litteras a Lentulo, Cethego, Statilio ad suam gentem data esse dixerunt, atque ita sibi ab his et a L. Cassio esse praescriptum, ut equitatum in Italiam quam primum mitterent; pedestres sibi copias non defuturas. Lentulum autem sibi confirmasse ex fatis Sibyllinis haruspicumque responsis, se esse tertium illum Cornelium, ad quem regnum huius urbis atque imperium pervenire esset necesse; Cinnam ante se et Sullam fuisse. hanc autem Cethego cum ceteris controversiam fuisse dixerunt, quod Lentulo et aliis Saturnalibus caedem fieri atque Urbem incendi placeret, Cethego nimium id longum videretur.

Ac ne longum sit, Quirites, tabellas proferri iussimus, quae a quoque dicebantur datae. primum ostendimus Cethego signum: cognovit. nos linum incidimus: legimus. erat scriptum ipsius manu Allobrogum senatui et populo, sese, quae eorum legatis confirmasset, facturum esse: orare, ut item illi facerent, quae sibi legati eorum recepissent. tum Cethegus, qui paullo ante aliquid tamen de gladiis ac sicis, quae apud ipsum erant deprehensa, respondisset dixissetque, se semper bonorum ferramentorum studiosum fuisse, recitatis litteris debilitatus atque abiectus, conscientia repente conticuit.

Introductus est Statilius: cognovit et signum et manum suam. recitatae sunt tabellae in eandem fere sententiam: confessus est.

Tum ostendi tabellas Lentulo, et quaesivi cognosceretne
signum. annuit. "est vero" inquam "notum quidem signum, imago avi tui, clarissimi viri, qui amavit unice patriam
et cives suos; quae quidem te a tanto scelere etiam muta
revocare debuit."

Leguntur eadem ratione ad senatum Allobrogum popu-
lumque litterae. si quid de his rebus dicere vellet, feci
potestatem. atque ille primo quidem negavit; post autem
aliquanto, toto iam indicio exposito atque edito, surrexit;
quaesivit a Gallis, quid sibi esset cum eis, quamobrem
domum suam venissent; itemque a Volturcio. qui cum illi
breviter constanterque respondissent, per quem ad eum
quotiesque venissent, quaesissentque ab eo, nihilne secum
esset de fatis Sibyllinis locutus, tum ille subito, scelere
demens, quanta conscientiae vis esset, ostendit. nam, cum
id posset infitiari, repente praeter opinionem omnium
confessus est: ita eum non modo ingenium illud et dicendi
exercitatio, qua semper valuit, sed etiam, propter vim
sceleris manifesti atque deprehensi, impudentia, qua supera-
bat omnes, improbitasque defecit.

Volturcius vero subito litteras proferri atque aperiri iussit,
quas sibi a Lentulo ad Catilinam datas esse dicebat. atque
ibi vehementissime perturbatus Lentulus tamen et signum
et manum suam cognovit. erant autem sine nomine, sed ita:
"quis sim scies ex eo quem ad te misi. cura ut vir sis, et cogita
quem in locum sis progressus. vide ecquid tibi iam sit necesse.
cura ut omnium tibi auxilia adiungas, etiam infimorum."

Gabinius deinde introductus, cum primo impudenter
respondere coepisset, ad extremum nihil ex eis, quae Galli
insimulabant, negavit.

Ac mihi quidem, Quirites, cum illa certissima visa sunt

CATILINE

argumenta atque indicia sceleris: tabellae, signa, manus, denique unius cuiusque confessio; tum multo illa certiora: color, oculi, vultus, taciturnitas. sic enim obstipuerant, sic terram intuebantur, sic furtim nonnumquam inter se aspiciebant, ut non iam ab aliis indicari, sed indicare se ipsi viderentur.

Indiciis expositis atque editis, Quirites, senatum consului de summa republica quid fieri placeret. Primum mihi gratiae verbis amplissimis aguntur, quod virtute, consilio, providentia mea respublica maximis periculis sit liberata; deinde L. Flaccus et C. Pomptinus praetores, quod eorum opera forti fidelique usus essem, merito ac iure laudantur; atque etiam viro forti, collegae meo, laus impertitur, quod eos, qui huius coniurationis participes fuissent, a suis et a reipublicae consiliis removisset.

Atque ita censuerunt, ut P. Lentulus, cum se praetura abdicasset, tum in custodiam traderetur; itemque uti C. Cethegus, L. Statilius, P. Gabinius, qui omnes praesentes erant, in custodiam traderentur; atque idem hoc decretum est in L. Cassium, qui sibi procurationem incendendae Urbis depoposcerat; in M. Caeparium, cui ad sollicitandos pastores Apuliam attributam esse, erat indicatum; in P. Furium, qui est ex eis colonis quos Faesulas L. Sulla deduxit; in Q. Manlium Chilonem, qui una cum hoc Furio semper erat in hac Allobrogum sollicitatione versatus; in P. Umbrenum, libertinum hominem, a quo primum Gallos ad Gabinium perductos esse constabat.

Atque ea lenitate senatus usus est, Quirites, ut ex tanta coniuratione tantaque hac multitudine domesticorum hostium, novem hominum perditissimorum poena republica conservata, reliquorum mentes sanari posse arbitraretur.

Atque etiam supplicatio dis immortalibus pro singulari eorum merito meo nomine decreta est : quod mihi primum post hanc urbem conditam togato contigit ; et his decreta verbis est : "quod Urbem incendiis, caede cives, Italiam bello liberassem." quae supplicatio si cum ceteris supplicationibus conferatur, hoc interest, quod ceterae bene gesta, haec una conservata republica constituta est.

[*In Catilinam* III 1–6.]

VERRES
A ROBBER IN SICILY

GAIUS VERRES was praetor in Sicily 73–71 B.C. He was cruel and rapacious and the unscrupulous way in which he extorted both money and property brought ruin on the Sicilians. He was prosecuted by Cicero, who had been quaestor in Sicily, and was condemned by the weight of evidence which Cicero had collected with great energy. This extract tells how Verres tricked and robbed Antiochus, King of Syria.

VENIO nunc non iam ad furtum, non ad avaritiam, non ad cupiditatem, sed ad eius modi facinus in quo omnia nefaria contineri mihi atque inesse videantur ; in quo di immortales violati, existimatio atque auctoritas nominis populi Romani imminuta, hospitium spoliatum ac proditum, abalienati scelere istius a nobis omnes reges amicissimi, nationesque quae in eorum regno ac dicione sunt. nam reges Syriae, regis Antiochi filios pueros, scitis Romae nuper fuisse ; qui venerant non propter Syriae regnum, nam id sine controversia obtinebant ut a patre et a maioribus acceperant, sed regnum Aegypti ad se et ad Selenen, matrem suam, pertinere arbitrabantur. ii posteaquam temporibus reipublicae exclusi per senatum agere quae voluerant non potuerunt, in Syriam in regnum patrium profecti sunt.

eorum alter, qui Antiochus vocatur, iter per Siciliam facere
voluit, itaque, isto praetore, venit Syracusas.

Hic Verres hereditatem sibi venisse arbitratus est, quod
in eius regnum ac manus venerat is quem iste et audierat
multa secum praeclara habere et suspicabatur. mittit
homini munera satis large haec ad usum domesticum: olei,
vini quod visum est, etiam tritici quod satis esset, de suis
decimis. deinde ipsum regem ad cenam vocavit. exornat
ample magnificeque triclinium : exponit ea, quibus abun-
dabat, plurima et pulcherrima vasa argentea,—nam haec
aurea nondum fecerat; omnibus curat rebus instructum et
paratum ut sit convivium.

Quid multa? rex ita discessit ut et istum copiose ornatum
et se honorifice acceptum arbitraretur. vocat ad cenam
deinde ipse praetorem : exponit suas copias omnis, multum
argentum, non pauca etiam pocula ex auro, quae, ut mos
est regius et maxime in Syria, gemmis erant distincta
clarissimis. erat etiam vas vinarium, ex una gemma per-
grandi trulla excavata, manubrio aureo, de qua, credo,
satis idoneum satis gravem testem, Q. Minucium, dicere
audistis. iste unum quodque vas in manus sumere, laudare,
mirari : rex gaudere praetori populi Romani satis iucundum
et gratum illud esse convivium.

Posteaquam inde discessum est, cogitare nihil iste aliud,
quod ipsa res declaravit, nisi quem ad modum regem ex
provincia spoliatum expilatumque dimitteret. mittit rogatum vasa ea quae pulcherrima apud eum viderat : ait se
suis caelatoribus velle ostendere. rex, qui illum non nosset,
sine ulla suspicione libentissime dedit. mittit etiam trullam
gemmeam rogatum : velle se eam diligentius considerare.
ea quoque ei mittitur.

Nunc reliquum, iudices, attendite, de quo et vos audistis et populus Romanus non nunc primum audiet et in exteris nationibus usque ad ultimas terras pervagatum est. candelabrum e gemmis clarissimis opere mirabili perfectum reges ii, quos dico, Romam cum attulissent, ut in Capitolio ponerent, quod nondum perfectum templum offenderant, neque ponere potuerunt neque vulgo ostendere ac proferre voluerunt, ut et magnificentius videretur cum suo tempore in cella Iovis Optimi Maximi poneretur, et clarius cum pulchritudo eius recens ad oculos hominum atque integra perveniret: statuerunt id secum in Syriam reportare ut, cum audissent simulacrum Iovis Optimi Maximi dedicatum, legatos mitterent qui cum ceteris rebus illud quoque eximium ac pulcherrimum donum in Capitolium adferrent.

Pervenit res ad istius aures nescio quo modo; nam rex id celatum voluerat, non quo quicquam metueret aut suspicaretur, sed ut ne multi illud ante praeciperent oculis quam populus Romanus. iste petit a rege et eum pluribus verbis rogat ut id ad se mittat: cupere se dicit inspicere neque se aliis videndi potestatem esse facturum. Antiochus, qui animo et puerili esset et regio, nihil de istius improbitate suspicatus est: imperat suis ut id in praetorium involutum quam occultissime deferrent.

Quo posteaquam attulerunt involucrisque reiectis constituerunt, clamare iste coepit dignam rem esse regno Syriae, dignam regio munere, dignam Capitolio. etenim erat eo splendore qui ex clarissimis et pulcherrimis gemmis esse debebat, ea varietate operum ut ars certare videretur cum copia, ea magnitudine ut intelligi posset non ad hominum apparatum, sed ad amplissimi templi ornatum esse factum. cum satis iam perspexisse videretur, tollere

incipiunt ut referrent. iste ait se velle illud etiam atque
etiam considerare; nequaquam se esse satiatum: iubet
illos discedere et candelabrum relinquere. sic illi tum
inanes ad Antiochum revertuntur.

Rex primo nihil metuere, nihil suspicari. dies unus,
alter, plures: non referri. tum mittit, si videatur, ut reddat. iubet iste posterius ad se reverti. mirum illi videri.
mittit iterum: non redditur. ipse hominem appellat, rogat
ut reddat. os hominis insignemque impudentiam cognos-
cite. quod sciret, quod ex ipso rege audisset in Capitolio
esse ponendum, quod Iovi Optimo Maximo, quod populo
Romano servari videret, id sibi ut donaret rogare et vehementissime petere coepit. cum ille se et religione Iovis
Capitolini et hominum existimatione impediri diceret, quod
multae nationes testes essent illius operis ac muneris, iste
homini minari acerrime coepit. ubi videt eum nihilo magis
minis quam precibus permoveri, repente hominem de provincia iubet ante noctem decedere: ait se comperisse ex
eius regno piratas ad Siciliam esse venturos.

Rex maximo conventu Syracusis in foro, ne quis forte
me in crimine obscuro versari atque adfingere aliquid suspicione hominum arbitretur,—in foro, inquam, Syracusis
flens ac deos hominesque contestans clamare coepit candelabrum factum e gemmis, quod in Capitolium missurus
esset, quod in templo clarissimo populo Romano monumen-
tum suae societatis amicitiaeque esse voluisset, id sibi
G. Verrem abstulisse; de ceteris operibus ex auro et gemmis quae sua penes illum essent se non laborare, hoc sibi
eripi miserum esse et indignum. id etsi antea iam mente
et cogitatione sua fratrisque sui consecratum esset, tamen
tum se in illo conventu civium Romanorum dare, donare,

dicare, consecrare Iovi Optimo Maximo, testemque ipsum Iovem suae voluntatis ac religionis adhibere.

Quae vox, quae latera, quae vires huius unius criminis querimoniam possunt sustinere? rex Antiochus, qui Romae ante oculos omnium nostrum biennium fere comitatu regio atque ornatu fuisset, is cum amicus et socius populi Romani esset, amicissimo patre, avo, maioribus, antiquissimis et clarissimis regibus, opulentissimo et maximo regno, praeceps provincia populi Romani exturbatus est. quem ad modum hoc accepturas nationes exteras, quem ad modum huius tui facti famam in regna aliorum atque in ultimas terras perventuram putasti, cum audirent a praetore populi Romani in provincia violatum regem, spoliatum hospitem, eiectum socium populi Romani atque amicum? nomen vestrum populique Romani odio atque acerbitati scitote nationibus exteris, iudices, futurum, si istius haec tanta iniuria impunita discesserit.

Sic omnes arbitrabuntur, praesertim cum haec fama de nostrorum hominum avaritia et cupiditate percrebuerit, non istius solius hoc esse facinus, sed eorum etiam qui adprobarint. multi reges, multae liberae civitates, multi privati opulenti ac potentes habent profecto in animo Capitolium sic ornare ut templi dignitas imperique nostri nomen desiderat; qui si intellexerint interverso hoc regali dono graviter vos tulisse, grata fore vobis populoque Romano sua studia ac dona arbitrabuntur; sin hoc vos in rege tam nobili, re tam eximia, iniuria tam acerba neglexisse audient, non erunt tam amentes ut operam, curam, pecuniam impendant in eas res quas vobis gratas fore non arbitrentur. [*In Verrem* IV 27-30.]

LETTERS

i. TO HIS WIFE, TERENTIA

This letter was written in 58 B.C. when Cicero was 48 years of age. He was in exile through the enmity of Clodius, who as tribune had proposed a law that anyone who had put Roman citizens to death without a trial should be banished. This obviously referred to the way Cicero dealt with the conspirators in 63 B.C.

TULLIUS S. D. TERENTIAE ET TULLIOLAE ET CICERONI SUIS

EGO MINUS saepe do ad vos litteras quam possum propterea quod cum omnia mihi tempora sunt misera tum vero, cum aut scribo ad vos aut vestras lego, conficior lacrimis sic, ut ferre non possim. quod utinam minus vitae cupidi fuissemus! certe nihil aut non multum in vita mali vidissemus. quod si nos ad aliquam alicuius commodi aliquando reciperandi spem fortuna reservavit, minus est erratum a nobis; si haec mala fixa sunt, ego vero te quam primum, mea vita, cupio videre et in tuo complexu emori, quando neque di, quos tu castissime coluisti, neque homines, quibus ego semper servivi, nobis gratiam rettulerunt.

Nos Brundisii apud M. Laenium Flaccum dies xiii fuimus, virum optimum, qui periculum fortunarum et capitis sui prae mea salute neglexit, neque legis improbissimae poena deductus est quo minus hospitii et amicitiae ius officiumque praestaret. huic utinam aliquando gratiam referre possimus! habebimus quidem semper.

Brundisio profecti sumus a. d. ii Kalendas Maias: per Macedoniam Cyzicum petebamus. o me perditum! o adflictum! quid enim? rogem te ut venias? mulierem

aegram et corpore et animo confectam? non rogem? sine te
igitur sim? opinor, sic agam: si est spes nostri reditus, eam
confirmes et rem adiuves; sin, ut ego metuo, transactum
est, quoquo modo potes, ad me fac venias. unum hoc scito:
si te habebo, non mihi videbor plane perisse. sed quid
Tulliola mea fiet? iam id vos videte: mihi deest consilium.
sed certe, quoquo modo se res habebit, illius misellae et
matrimonio et famae serviendum est. quid, Cicero meus
quid aget? iste vero sit in sinu semper et complexu meo.
non queo plura iam scribere. impedit maeror. tu quid
egeris nescio: utrum aliquid teneas an, quod metuo, plane
sis spoliata.

Pisonem, ut scribis, spero fore semper nostrum. de familia
liberata nihil est quod te moveat. primum tuis ita promissum
est, te facturam esse, ut quisque esset meritus. est autem
in officio adhuc Orpheus; praeterea magno opere nemo.
ceterorum servorum ea causa est, ut, si res a nobis abisset,
liberti nostri essent, si obtinere potuissent; si ad nos per-
tineret, servirent, praeterquam oppido pauci. sed haec
minora sunt.

Tu quod me hortaris, ut animo sim magno et spem
habeam reciperandae salutis, id velim sit eius modi, ut
recte sperare possimus. nunc, miser quando tuas iam
litteras accipiam? quis ad me perferet? quas ego exspec-
tassem Brundisii, si esset licitum per nautas, qui tempestatem praetermittere noluerunt. quod reliquum est,
sustenta te, mea Terentia, ut potes, honestissime. viximus:
floruimus: non vitium nostrum, sed virtus nostra nos
adflixit. peccatum est nullum, nisi quod non una animam
cum ornamentis amisimus. sed si hoc fuit liberis nostris
gratius, nos vivere, cetera, quamquam ferenda non sunt,

feramus. atqui ego, qui te confirmo, ipse me non possum.

Clodium Philhetaerum, quod valetudine oculorum impediebatur, hominem fidelem, remisi. Sallustius officio vincit omnes. Pescennius est perbenevolus nobis; quem semper spero tui fore observantem. Sica dixerat se mecum fore, sed Brundisio discessit. cura, quod potes, ut valeas, et sic existimes, me vehementius tua miseria quam mea commoveri. mea Terentia, fidissima atque optima uxor, et mea carissima filiola et spes reliqua nostra, Cicero, valete.

Pridie Kalendas Maias Brundisio.

[*Fam.* XIV 4.]

ii. TO LUCCEIUS

THE letter to Lucceius was written in 56 B.C. He had written a history of Rome and Cicero is anxious that he should write a history of his consulship.

M. CICERO S. D. L. LUCCEIO Q. F.

CORAM me tecum eadem haec agere saepe conantem deterruit pudor quidam paene subrusticus, quae nunc expromam absens audacius; epistula enim non erubescit. ardeo cupiditate incredibili neque, ut ego arbitror, reprehendenda, nomen ut nostrum scriptis illustretur et celebretur tuis. quod etsi mihi saepe ostendisti te esse facturum, tamen ignoscas velim huic festinationi meae. genus enim scriptorum tuorum etsi erat semper a me vehementer exspectatum, tamen vicit opinionem meam meque ita vel cepit vel incendit, ut cuperem quam celerrime res nostras monimentis commendari tuis. neque enim me solum commemoratio posteritatis ad spem quamdam immortalitatis rapit, sed etiam illa cupiditas, ut vel auctoritate testimonii tui vel indicio benevolentiae vel suavitate ingenii vivi perfruamur.

Neque tamen, haec cum scribebam, eram nescius quantis oneribus premerere susceptarum rerum et iam institutarum, sed quia videbam Italici belli et civilis historiam iam a te paene esse perfectam, dixeras autem mihi te reliquas res ordiri, deesse mihi nolui quin te admonerem, ut cogitares coniunctene malles cum reliquis rebus nostra contexere an, ut multi Graeci fecerunt, Callisthenes Phocium bellum, Timaeus Pyrrhi, Polybius Numantinum, qui omnes a perpetuis suis historiis ea, quae dixi, bella separaverunt, tu quoque item civilem coniurationem ab hostilibus externisque bellis seiungeres.

Equidem ad nostram laudem non multum video interesse, sed ad properationem meam quiddam interest non te exspectare, dum ad locum venias, ac statim causam illam totam et tempus adripere. et simul, si uno in argumento unaque in persona mens tua tota versabitur, cerno iam animo quanto omnia uberiora atque ornatiora futura sint. neque tamen ignoro quam impudenter faciam, qui primum tibi tantum oneris imponam—potest enim mihi denegare occupatio tua,—deinde etiam, ut ornes me, postulem. quid, si illa tibi non tanto opere videntur ornanda?

Sed tamen, qui semel verecundiae fines transierit, eum bene et naviter oportet esse impudentem. itaque te plane etiam atque etiam rogo, ut et ornes ea vehementius etiam quam fortasse sentis, et in eo leges historiae neglegas, gratiamque illam, de qua suavissime, plenissime quodam in prooemio scripsisti, a qua te deflecti non magis potuisse demonstras quam Herculem Xenophontium illum a Voluptate, eam, si me tibi vehementius commendabit, ne

aspernere, amorique nostro plusculum etiam quam concedet
veritas largiare. quod si te adducemus ut hoc suscipias, erit,
ut mihi persuadeo, materies digna facultate et copia tua.

A principio enim coniurationis usque ad reditum nostrum
videtur mihi modicum quoddam corpus confici posse, in quo
et illa poteris uti civilium commutationum scientia vel in
explicandis causis rerum novarum vel in remediis incom-
modorum, cum et reprehendes ea, quae vituperanda duces,
et quae placebunt exponendis rationibus comprobabis et, si
liberius, ut consuesti, agendum putabis, multorum in nos
perfidiam, insidias, proditionem notabis. multam etiam
casus nostri varietatem tibi in scribendo suppeditabunt
plenam cuiusdam voluptatis, quae vehementer animos
hominum in legendo, te scriptore, retinere possit. nihil
est enim aptius ad delectationem lectoris quam temporum varietates fortunaeque vicissitudines ; quae etsi nobis
optabiles in experiendo non fuerunt, in legendo tamen
erunt iucundae ; habet enim praeteriti doloris secura
recordatio delectationem.

Ceteris vero nulla perfunctis propria molestia, casus
autem alienos sine ullo dolore intuentibus, etiam ipsa
misericordia est iucunda. quem enim nostrum ille moriens
apud Mantineam Epaminondas non cum quadam mise-
ratione delectat ? qui tum denique sibi evelli iubet spiculum,
postea quam ei percontanti dictum est clipeum esse salvum,
ut etiam in vulneris dolore aequo animo cum laude more-
retur. cuius studium in legendo non erectum Themistocli
fuga redituque retinetur ? etenim ordo ipse annalium mediocriter nos retinet quasi enumeratione fastorum. at viri saepe
excellentis ancipites variique casus habent admirationem,
exspectationem, laetitiam, molestiam, spem, timorem. si

vero exitu notabili concluduntur, expletur animus iucundissima lectionis voluptate.

Quo mihi acciderit optatius, si in hac sententia fueris, ut a continentibus tuis scriptis, in quibus perpetuam rerum gestarum historiam complecteris, secernas hanc quasi fabulam rerum eventorumque nostrorum; habet enim varios actus mutationesque et consiliorum et temporum. ac non vereor ne adsentatiuncula quadam aucupari tuam gratiam videar, cum hoc demonstrem, me a te potissimum ornari celebrarique velle. neque enim tu is es, qui quid sis nescias et qui non eos magis, qui te non admirentur, invidos quam eos, qui laudent, adsentatores arbitrere. neque autem ego sum ita demens, ut me sempiternae gloriae per eum commendari velim, qui non ipse quoque in me commendando propriam ingenii gloriam consequatur.

Neque enim Alexander ille gratiae causa ab Apelle potissimum pingi et a Lysippo fingi volebat, sed quod illorum artem cum ipsis tum etiam sibi gloriae fore putabat. atque illi artifices corporis simulacra ignotis nota faciebant; quae vel si nulla sint, nihilo sint tamen obscuriores clari viri. nec minus est Spartiates Agesilaus ille perhibendus, qui neque pictam neque fictam imaginem suam passus est esse, quam qui in eo genere laborarunt. unus enim Xenophontis libellus in eo rege laudando facile omnes imagines omnium statuasque superavit. atque hoc praestantius mihi fuerit et ad laetitiam animi et ad memoriae dignitatem, si in tua scripta pervenero, quam si in ceterorum, quod non ingenium mihi solum suppeditatum fuerit tuum, sicut Timoleonti a Timaeo aut ab Herodoto Themistocli, sed etiam auctoritas clarissimi et spectatissimi viri et in reipublicae maximis gravissimisque causis cogniti atque in primis

probati; ut mihi non solum praeconium, quod, cum in
Sigeum venisset, Alexander ab Homero Achilli tributum
esse dixit, sed etiam grave testimonium impertitum clari
hominis magnique videatur. placet enim Hector ille mihi
Naevianus, quo non tantum "laudari" se laetatur, sed
addit etiam "a laudato viro."

Quod si a te non impetraro, hoc est, si quae te res
impedierit—neque enim fas esse arbitror quidquam me
rogantem abs te non impetrare,—cogar fortasse facere,
quod non nulli saepe reprehendunt: scribam ipse de me,
multorum tamen exemplo et clarorum virorum. sed, quod
te non fugit, haec sunt in hoc genere vitia: et verecundius
ipsi de sese scribant necesse est, si quid est laudandum, et
praetereant, si quid reprehendendum est. accedit etiam, ut
minor sit fides, minor auctoritas, multi denique reprehen-
dant et dicant verecundiores esse praecones ludorum
gymnicorum, qui cum ceteris coronas imposuerint victoribus eorumque nomina magna voce pronuntiarint, cum
ipsi ante ludorum missionem corona donentur, alium
praeconem adhibeant, ne. sua voce se ipsi victores esse
praedicent.

Haec nos vitare cupimus et, si recipis causam nostram,
vitabimus, idque ut facias rogamus. ac ne forte mirere cur,
cum mihi saepe ostenderis te accuratissime nostrorum
temporum consilia atque eventus litteris mandaturum, a
te id nunc tanto opere et tam multis verbis petamus, illa
nos cupiditas incendit, de qua initio scripsi, festinationis,
quod alacres animo sumus, ut et ceteri viventibus nobis ex
libris tuis nos cognoscant et nosmet ipsi vivi gloriola nostra
perfruamur.

His de rebus quid acturus sis, si tibi non est molestum,

rescribas mihi velim. si enim suscipis causam, conficiam commentarios rerum omnium; sin autem differs me in tempus aliud, coram tecum loquar. tu interea non cessabis et ea, quae habes instituta, perpolies nosque diliges.

[*Fam.* V 12.]

iii. TO ATTICUS

TITUS POMPONIUS was surnamed Atticus because he had lived for a long time in Athens and was an enthusiastic student of Greek. He was an intimate friend of the distinguished men of his day, especially of Cicero, whose brother Quintus had married his sister, Pomponia.

EGO VERO et tuum in discessu vidi animum et mei in eo sum ipse testis. quo magis erit tibi videndum ne quid novi decernatur, ut hoc nostrum desiderium ne plus sit annuum.

Nunc venio ad transversum illum extremae epistolae tuae versiculum, in quo me admones de sorore. quae res se sic habet. ut veni in Arpinas, cum ad me frater venisset, in primis nobis sermo isque multus de te fuit; ex quo ego veni ad ea, quae fueramus ego et tu inter nos de sorore in Tusculano locuti. nihil tam vidi mite, nihil tam placatum, quam tum meus frater erat in sororem tuam, ut etiam, si qua fuerat ex ratione sumptus offensio, non appareret. illo sic die. postridie ex Arpinati profecti sumus. ut in Arcano Quintus maneret dies fecit, ego Aquini, sed prandimus in Arcano. nosti hunc fundum. quo ut venimus, humanissime Quintus "Pomponia," inquit, "tu invita mulieres, ego viros ascivero." nihil potuit, mihi quidem ut visum est, dulcius, idque cum verbis tum etiam animo ac voltu. at illa audientibus nobis "ego sum," inquit "hic hospita." id autem ex eo, ut opinor, quod antecesserat Statius, ut prandium nobis videret. tum Quintus "en," inquit mihi, "haec ego patior cotidie."

Dices "quid, quaeso, istuc erat?" magnum : itaque me ipsum commoverat : sic absurde et aspere verbis voltuque responderat. dissimulavi dolens. discubuimus omnes praeter illam, cui tamen Quintus de mensa misit; illa reiecit. quid multa? nihil meo fratre lenius, nihil asperius tua sorore mihi visum est, et multa praetereo, quae tum mihi maiori stomacho quam ipsi Quinto fuerunt. ego inde Aquinum, Quintus in Arcano remansit et Aquinum ad me postridie mane venit mihique narravit cum discessura esset, fuisse eius modi, qualem ego vidissem. quid quaeris? vel ipsi hoc dicas licet, humanitatem ei meo iudicio illo die defuisse. haec ad te scripsi fortasse pluribus, quam necesse fuit, ut videres tuas quoque esse partes instituendi et monendi.

Reliquum est, ut ante quam proficiscare mandata nostra exhaurias, scribas ad me omnia, Pomptinum extrudas, cum profectus eris, cures ut sciam, sic habeas, nihil mehercule te mihi nec carius esse nec suavius. A. Torquatum amantissime dimisi Minturnis, optimum virum; cui me ad te scripsisse aliquid in sermone significes velim.

[*Att.* v 1.]

HORACE

QUINTUS HORATIUS FLACCUS (65 B.C.–8 B.C.) was the
son of a freedman (libertinus) who had purchased a small
farm near Venusia. He speaks with affection of his father's
loving care, especially in taking him to Rome to be edu-
cated. After this he went to Athens as was customary
with the wealthier class of Romans. He joined Brutus
after the death of Caesar, and was put in command of a
legion. At the battle of Philippi, he tells us he ran away
with the rest of his side. His property was confiscated and
he succeeded in obtaining a clerkship by means of which
he lived with the utmost economy. His poems brought
him the friendship of Vergil through whom he was intro-
duced to Maecenas and became his intimate friend. He
was afterwards reconciled to Augustus and held a position
somewhat like that of Poet Laureate. He was buried on
the Esquiline hill.

Horace's outlook on life was essentially sane and practi-
cal. He loved the country and frequently refers to the
joy he had in a Sabine farm presented to him by Maecenas.
Though rarely profound in thought, his odes are perfect
in expression and few poets have been more frequently
quoted. At his best he achieves an austere and chiselled
beauty which admirably reveals the genius of the Latin
language.

"WHAT SLENDER YOUTH?"

QUIS multa gracilis te puer in rosa
perfusus liquidis urget odoribus
    grato, Pyrrha, sub antro?
      cui flavam religas comam,

simplex munditiis? heu, quotiens fidem
mutatosque deos flebit et aspera
    nigris aequora ventis
      emirabitur insolens,

qui nunc te fruitur credulus aurea,
qui semper vacuam, semper amabilem
    sperat, nescius aurae
      fallacis. miseri, quibus

intemptata nites. me tabula sacer
votiva paries indicat uvida
    suspendisse potenti
      vestimenta maris deo.

                                        [Odes I v.]

WINTER'S WISDOM

VIDES ut alta stet nive candidum
Soracte, nec iam sustineant onus
    silvae laborantes, geluque
      flumina constiterint acuto?

dissolve frigus ligna super foco
large reponens, atque benignius
    deprome quadrimum Sabina,
      o Thaliarche, merum diota.

permitte divis cetera, qui simul
stravere ventos aequore fervido
    deproeliantis, nec cupressi
      nec veteres agitantur orni.

quid sit futurum cras, fuge quaerere et
quem Fors dierum cumque dabit, lucro
appone, nec dulcis amores
sperne puer neque tu choreas,

donec virenti canities abest
morosa. nunc et campus et areae
lenesque sub noctem susurri
composita repetantur hora,

nunc et latentis proditor intimo
gratus puellae risus ab angulo
pignusque dereptum lacertis
aut digito male pertinaci.

[*Odes* I ix.]

THE ARMOUR OF PURITY

INTEGER vitae scelerisque purus
non eget Mauris iaculis neque arcu
nec venenatis gravida sagittis,
Fusce, pharetra,

sive per Syrtis iter aestuosas
sive facturus per inhospitalem
Caucasum vel quae loca fabulosus
lambit Hydaspes.

namque me silva lupus in Sabina,
dum meam canto Lalagen et ultra
terminum curis vagor expeditis,
fugit inermem;

132

quale portentum neque militaris
Daunias latis alit aesculetis,
nec Iubae tellus generat, leonum
   arida nutrix.

pone me pigris ubi nulla campis
arbor aestiva recreatur aura,
quod latus mundi nebulae malusque
   Iuppiter urget:

pone sub curru nimium propinqui
solis in terra domibus negata:
dulce ridentem Lalagen amabo,
   dulce loquentem.

              [*Odes* I xxii.]

THE FLEETING YEARS

EHEU fugaces, Postume, Postume,
labuntur anni, nec pietas moram
   rugis et instanti senectae
     adferet indomitaeque morti:

non, si trecenis, quotquot eunt dies,
amice, places inlacrimabilem
   Plutona tauris, qui ter amplum
     Geryonen Tityonque tristi

compescit unda, scilicet omnibus,
quicumque terrae munere vescimur,
   enaviganda, sive reges
     sive inopes erimus coloni.

frustra cruento Marte carebimus
fractisque rauci fluctibus Hadriae,
   frustra per autumnos nocentem
      corporibus metuemus Austrum :

visendus ater flumine languido
Cocytus errans et Danai genus
   infame damnatusque longi
      Sisyphus Aeolides laboris.

linquenda tellus et domus et placens
uxor, neque harum, quas colis, arborum
   te praeter invisas cupressos
      ulla brevem dominum sequetur.

absumet heres Caecuba dignior
servata centum clavibus, et mero
   tinguet pavimentum superbo
      pontificum potiore cenis.

[Odes II xiv.]

STURDY YOUTH

ANGUSTAM amice pauperiem pati
robustus acri militia puer
   condiscat et Parthos ferocis
      vexet eques metuendus hasta,

vitamque sub divo et trepidis agat
in rebus. illum ex moenibus hosticis
   matrona bellantis tyranni
      prospiciens et adulta virgo

suspiret: "eheu, ne rudis agminum
sponsus lacessat regius asperum
    tactu leonem, quem cruenta
        per medias rapit ira caedes.'

dulce et decorum est pro patria mori.
mors et fugacem persequitur virum,
    nec parcit imbellis iuventae
        poplitibus timidove tergo.

Virtus, repulsae nescia sordidae,
intaminatis fulget honoribus,
    nec sumit aut ponit securis
        arbitrio popularis aurae.

Virtus, recludens immeritis mori
caelum, negata temptat iter via,
    coetusque vulgaris et udam
        spernit humum fugiente pinna.

est et fideli tuta silentio
merces: vetabo, qui Cereris sacrum
    vulgarit arcanae, sub isdem
        sit trabibus fragilemque mecum

solvat phaselon; saepe Diespiter
neglectus incesto addidit integrum,
    raro antecedentem scelestum
        deseruit pede Poena claudo.

                      [*Odes* III ii.]

REGULUS

CAELO tonantem credidimus Iovem
regnare : praesens divus habebitur
    Augustus, adiectis Britannis
        imperio gravibusque Persis.

milesne Crassi coniuge barbara
turpis maritus vixit, et hostium
    (pro curia inversique mores!)
        consenuit socerorum in armis

sub rege Medo, Marsus et Apulus
anciliorum et nominis et togae
    oblitus aeternaeque Vestae,
        incolumi Iove et urbe Roma?

hoc caverat mens provida Reguli
dissentientis condicionibus
    foedis et exemplo trahenti
        perniciem veniens in aevum,

si non periret immiserabilis
captiva pubes. "signa ego Punicis
    adfixa delubris, et arma
        militibus sine caede" dixit

"derepta vidi: vidi ego civium
retorta tergo brachia libero
    portasque non clausas et arva
        Marte coli populata nostro.

auro repensus scilicet acrior
miles redibit. flagitio additis
    damnum: neque amissos colores
        lana refert medicata fuco,

136

nec vera virtus, cum semel excidit,
curat reponi deterioribus.
  si pugnat extricata densis
    cerva plagis, erit ille fortis

qui perfidis se credidit hostibus,
et Marte Poenos proteret altero,
  qui lora restrictis lacertis
    sensit iners timuitque mortem.

hic, unde vitam sumeret inscius,
pacem duello miscuit. o pudor!
  o magna Carthago, probrosis
    altior Italiae ruinis!"

fertur pudicae coniugis osculum
parvosque natos, ut capitis minor,
  ab se removisse, et virilem
    torvus humi posuisse vultum,

donec labantis consilio patres
firmaret auctor numquam alias dato,
  interque maerentis amicos
    egregius properaret exul.

atqui sciebat quae sibi barbarus
tortor pararet. non aliter tamen
  dimovit obstantis propinquos
    et populum reditus morantem,

quam si clientum longa negotia,
diiudicata lite, relinqueret,
  tendens Venafranos in agros
    aut Lacedaemonium Tarentum.

[*Odes* III v.]

BANDUSIA

O FONS BANDUSIAE, splendidior vitro,
dulci digne mero non sine floribus,
    cras donaberis haedo,
        cui frons turgida cornibus

primis et Venerem et proelia destinat:
frustra; nam gelidos inficiet tibi
    rubro sanguine rivos
        lascivi suboles gregis.

te flagrantis atrox hora Caniculae
nescit tangere, tu frigus amabile
    fessis vomere tauris
        praebes et pecori vago.

fies nobilium tu quoque fontium,
me dicente cavis impositam ilicem
    saxis, unde loquaces
        lymphae desiliunt tuae.   [*Odes* III xiii.]

AN INVITATION TO MAECENAS

TYRRHENA regum progenies, tibi
non ante verso lene merum cado
    cum flore, Maecenas, rosarum et
        pressa tuis balanus capillis

iamdudum apud me est: eripe te morae,
ne semper udum Tibur et Aefulae
    declive contempleris arvum et
        Telegoni iuga parricidae.

fastidiosam desere copiam et
molem propinquam nubibus arduis,
   omitte mirari beatae
      fumum et opes strepitumque Romae.

plerumque gratae divitibus vices
mundaeque parvo sub lare pauperum
   cenae sine aulaeis et ostro
      sollicitam explicuere frontem.

iam clarus occultum Andromedae pater
ostendit ignem, iam Procyon furit
   et stella vesani Leonis
      sole dies referente siccos;

iam pastor umbras cum grege languido
rivumque fessus quaerit et horridi
   dumeta Silvani, caretque
      ripa vagis taciturna ventis.

tu civitatem quis deceat status
curas et urbi sollicitus times,
   quid Seres et regnata Cyro
      Bactra parent Tanaisque discors.

prudens futuri temporis exitum
caliginosa nocte premit deus,
   ridetque si mortalis ultra
      fas trepidat. quod adest memento

componere aequus: cetera fluminis
ritu feruntur, nunc medio alveo
   cum pace delabentis Etruscum
      in mare, nunc lapides adesos

stirpesque raptas et pecus et domos
volventis una non sine montium
    clamore vicinaeque silvae,
        cum fera diluvies quietos

irritat amnis. ille potens sui
laetusque deget, cui licet in diem
    dixisse "vixi: cras vel atra
        nube polum pater occupato

vel sole puro; non tamen irritum,
quodcumque retro est, efficiet, neque
    diffinget infectumque reddet,
        quod fugiens semel hora vexit."

Fortuna saevo laeta negotio et
ludum insolentem ludere pertinax
    transmutat incertos honores,
        nunc mihi, nunc alii benigna.

laudo manentem; si celeris quatit
pinnas, resigno quae dedit et mea
    virtute me involvo, probamque
        Pauperiem sine dote quaero.

non est meum, si mugiat Africis
malus procellis, ad miseras preces
    decurrere, et votis pacisci,
        ne Cypriae Tyriaeque merces

addant avaro divitias mari:
tum me biremis praesidio scaphae
    tutum per Aegaeos tumultus
        aura feret geminusque Pollux.

                        [*Odes* III xxix.]

THE RETURN OF SPRING

DIFFUGERE nives, redeunt iam gramina campis
  arboribusque comae;
mutat terra vices et decrescentia ripas
  flumina praetereunt;

Gratia cum Nymphis geminisque sororibus audet
  ducere nuda choros.
immortalia ne speres, monet annus et almum
  quae rapit hora diem.

frigora mitescunt zephyris, ver proterit aestas
  interitura, simul
pomifer autumnus fruges effuderit, et mox
  bruma recurrit iners.

damna tamen celeres reparant caelestia lunae:
  nos, ubi decidimus
quo pius Aeneas, quo Tullus dives et Ancus,
  pulvis et umbra sumus.

quis scit an adiciant hodiernae crastina summae
  tempora di superi?
cuncta manus avidas fugient heredis amico
  quae dederis animo.

cum semel occideris et de te splendida Minos
  fecerit arbitria,
non, Torquate, genus, non te facundia, non te
  restituet pietas;

infernis neque enim tenebris Diana pudicum
  liberat Hippolytum,
nec Lethaea valet Theseus abrumpere caro
  vincula Pirithoo.   [*Odes* IV vii.]

HORACE

A JOURNEY TO BRUNDISIUM

EGRESSUM magna me accepit Aricia Roma,
hospitio modico: rhetor comes Heliodorus,
Graecorum longe doctissimus; inde forum Appi,
differtum nautis, cauponibus atque malignis.
hoc iter ignavi divisimus, altius ac nos
praecinctis unum; minus est gravis Appia tardis.

Hic ego propter aquam, quod erat deterrima, ventri
indico bellum, cenantes haud animo aequo
exspectans comites. iam nox inducere terris
umbras et caelo diffundere signa parabat.
tum pueri nautis, pueris convicia nautae
ingerere. "huc appelle!" "trecentos inseris: ohe
iam satis est!" dum aes exigitur, dum mula ligatur
tota abit hora. mali culices ranaeque palustres
avertunt somnos, absentem ut cantat amicam
multa prolutus vappa nauta atque viator
certatim: tandem fessus dormire viator
incipit, ac missae pastum retinacula mulae
nauta piger saxo religat, stertitque supinus.

Iamque dies aderat, nil cum procedere lintrem
sentimus; donec cerebrosus prosilit unus
ac mulae nautaeque caput lumbosque saligno
fuste dolat: quarta vix demum exponimur hora.
ora manusque tua lavimus, Feronia, lympha.
milia tum pransi tria repimus atque subimus
impositum saxis late candentibus Anxur.
huc venturus erat Maecenas optimus atque
Cocceius, missi magnis de rebus uterque
legati, aversos soliti componere amicos.

hic oculis ego nigra meis collyria lippus
inlinere. interea Maecenas advenit atque
Cocceius Capitoque simul Fonteius, ad unguem
factus homo, Antoni non ut magis alter amicus.
    Fundos Aufidio Lusco praetore libenter
linquimus, insani ridentes praemia scribae,
praetextam et latum clavum prunaeque vatillum.
in Mamurrarum lassi deinde urbe manemus:
Murena praebente domum, Capitone culinam.
    Postera lux oritur multo gratissima; namque
Plotius et Varius Sinuessae Vergiliusque
occurrunt, animae, qualis neque candidiores
terra tulit neque quis me sit devinctior alter.
o qui complexus et gaudia quanta fuerunt!
nil ego contulerim iucundo sanus amico.
    Proxima Campano ponti quae villula, tectum
praebuit, et parochi quae debent ligna salemque.
hinc muli Capuae clitellas tempore ponunt.
lusum it Maecenas: dormitum ego Vergiliusque;
namque pila lippis inimicum et ludere crudis.
    Hinc nos Cocceii recipit plenissima villa,
quae super est Caudi cauponas. nunc mihi paucis
Sarmenti scurrae pugnam Messique Cicirri,
Musa, velim memores, et quo patre natus uterque
contulerit lites. Messi clarum genus Osci:
Sarmenti domina exstat. ab his maioribus orti
ad pugnam venere. prior Sarmentus: "equi te
esse feri similem dico." ridemus, et ipse
Messius: "accipio": caput et movet: "o tua cornu
ni foret exsecto frons," inquit, "quid faceres cum
sic mutilus minitaris?" at illi foeda cicatrix

setosam laevi frontem turpaverat oris.
Campanum in morbum, in faciem permulta iocatus,
pastorem saltaret uti Cyclopa rogabat:
nil illi larva aut tragicis opus esse cothurnis.
multa Cicirrus ad haec: donasset iamne catenam
ex voto laribus, quaerebat. scriba quod esset,
nilo deterius dominae ius esse. rogabat
denique, cur unquam fugisset, cui satis una
farris libra foret, gracili sic tamque pusillo?
prorsus iucunde cenam producimus illam.

Tendimus hinc recta Beneventum, ubi sedulus hospes
paene macros arsit dum turdos versat in igni:
nam vaga per veterem dilapso flamma culinam
Volcano summum properabat lambere tectum.
convivas avidos cenam servosque timentes
tum rapere atque omnes restinguere velle videres.
incipit ex illo montes Apulia notos
ostentare mihi, quos torret Atabulus, et quos
nunquam erepsemus, nisi nos vicina Trivici
villa recepisset, lacrimoso non sine fumo,
udos cum foliis ramos urente camino.

Quattuor hinc rapimur viginti et milia redis,
mansuri oppidulo, quod versu dicere non est,
signis perfacile est: venit vilissima rerum
hic aqua; sed panis longe pulcherrima, ultra
callidus ut soleat umeris portare viator;
nam Canusi lapidosus, aquae non ditior urna
qui locus a forti Diomede est conditus olim.
flentibus hinc Varius discedit maestus amicis.

Inde Rubos fessi pervenimus, utpote longum
carpentes iter et factum corruptius imbri.

postera tempestas melior, via peior adusque
Bari moenia piscosi; dein Gnatia, lymphis
iratis exstructa, dedit risusque iocosque,
dum flamma sine tura liquescere limine sacro
persuadere cupit. credat Iudaeus Apella,
non ego: namque deos didici securum agere aevum,
nec, si quid miri faciat natura, deos id
tristes ex alto caeli demittere tecto.
Brundisium longae finis chartaeque viaeque est.

[Satires I v.]

AN ENCOUNTER WITH A BORE

IBAM forte Via Sacra, sicut meus est mos,
nescio quid meditans nugarum, totus in illis.
accurrit quidam notus mihi nomine tantum,
arreptaque manu: "quid agis, dulcissime rerum?"
"suaviter, ut nunc est," inquam, "et cupio omnia quae vis."
cum assectaretur: "numquid vis?" occupo. at ille,
"noris nos," inquit; "docti sumus." hic ego, "pluris
hoc," inquam, "mihi eris." misere discedere quaerens,
ire modo ocius, interdum consistere, in aurem
dicere nescio quid puero, cum sudor ad imos
manaret talos. "o te, Bolane, cerebri
felicem!" aiebam tacitus; cum quidlibet ille
garriret, vicos, urbem laudaret. ut illi
nil respondebam, "misere cupis," inquit, "abire;
iamdudum video; sed nil agis: usque tenebo.
prosequar hinc quo nunc iter est tibi." "nil opus est te
circumagi: quendam volo visere non tibi notum.
trans Tiberim longe cubat is prope Caesaris hortos."
"nil habeo quod agam et non sum piger: usque sequar te."

Demitto auriculas, ut iniquae mentis asellus,
cum gravius dorso subiit onus. incipit ille:
"si bene me novi, non Viscum pluris amicum,
non Varium facies; nam quis me scribere plures
aut citius possit versus? quis membra movere
mollius? invideat quod et Hermogenes, ego canto."
interpellandi locus hic erat: "est tibi mater,
cognati, quis te salvo est opus?" "haud mihi quisquam.
omnes composui." "felices! nunc ego resto.
confice; namque instat fatum mihi triste, Sabella
quod puero cecinit mota divina anus urna:
'hunc neque dira venena nec hosticus auferet ensis
nec laterum dolor aut tussis nec tarda podagra;
garrulus hunc quando consumet cumque. loquaces,
si sapiat, vitet, simul atque adoleverit aetas.'"
Ventum erat ad Vestae, quarta iam parte diei
praeterita; et casu tunc respondere vadato
debebat, quod ni fecisset, perdere litem.
"si me amas," inquit, "paulum hic ades." "inteream si
aut valeo stare aut novi civilia iura;
et propero quo scis." "dubius sum, quid faciam," inquit,
"tene relinquam, an rem." "me, sodes." "non faciam," ille,
et praecedere coepit. ego, ut contendere durum est
cum victore, sequor.
                              "Maecenas quomodo tecum?"
hinc repetit. "paucorum hominum et mentis bene sanae;
nemo dexterius fortuna est usus." "haberes
magnum adiutorem, posset qui ferre secundas,
hunc hominem velles si tradere; dispeream, ni
submosses omnes." "non isto vivimus illic,
quo tu rere, modo; domus hac nec purior ulla est

nec magis his aliena malis. nil mi officit," inquam,
"ditior hic aut est quia doctior; est locus uni
cuique suus." "magnum narras, vix credibile!" "atqui
sic habet." "accendis, quare cupiam magis illi
proximus esse." "velis tantummodo; quae tua virtus,
expugnabis; et est qui vinci possit, eoque
difficiles aditus primos habet." "haud mihi dero:
muneribus servos corrumpam; non, hodie si
exclusus fuero, desistam; tempora quaeram;
occurram in triviis; deducam. nil sine magno
vita labore dedit mortalibus."

                                        Haec dum agit, ecce
Fuscus Aristius occurrit mihi carus et illum
qui pulchre nosset. consistimus. "unde venis?" et,
"quo tendis?" rogat et respondet. vellere coepi
et pressare manu lentissima bracchia, nutans,
distorquens oculos, ut me eriperet. male salsus
ridens dissimulare: meum iecur urere bilis.
"certe nescio quid secreto velle loqui te
aiebas mecum." "memini bene, sed meliore
tempore dicam. hodie tricesima sabbata: vin tu
curtis Iudaeis oppedere?" "nulla mihi," inquam,
"religio est." "at mi; sum paulo infirmior, unus
multorum. ignosces: alias loquar." huncine solem
tam nigrum surrexe mihi! fugit improbus ac me
sub cultro linquit. casu venit obvius illi
adversarius, et, "quo tu turpissime?" magna
inclamat voce; et, "licet antestari?" ego vero
oppono auriculam. rapit in ius: clamor utrinque,
undique concursus. sic me servavit Apollo.

                                    [*Satires* I ix].

VOCABULARY

abalieno, 1, *transfer, remove, estrange*.
abdico, 1, *resign*.
abdo, 3, -didi, -ditum, *put away, hide*.
abeo, 4, *go away, vanish*.
abhorreo, 2, *shrink back from, differ from, am free from*.
abicio, 3, -ieci, -iectum, *throw away* or *down*.
abies, -etis, f. *the fir*.
abluo, 3, -lui, -lutum, *wash away, purify*.
abnuo, 3, -ui, *refuse by a nod, deny*.
abripio, 3, -ripui, -reptum, *snatch* or *hurry away*.
abrumpo, 3, -rupi, -ruptum, *break off*.
abscedo, 3, -cessi, -cessum, *depart, retire*.
abscindo, 3, -scidi, -scissum, *tear* or *rend off*.
absconditus, -a, -um, *hidden, secret*.
absisto, 3, -stiti, *withdraw, desist from*.
abstineo, 2, -ui, -tentum, tr. *restrain*; intr. *refrain*.
abstuli, perf. of aufero.
absumo, 3, -mpsi, -mptum, *take away, consume*.
abundo, 1, *abound in*.
abutor, -uti, -usus, dep. v. with abl. *use up, misuse*.
acanthus, -i, m. *a plant*.
accedo, 3, -cessi, -cessum, *approach;* accedebat ut, *there was added the fact that*.

accendo, 3, -ndi, -nsum, *set on fire, incite*.
accerso = arcesso.
accido, 3, -cidi, *happen, occur* (usually of unfortunate events).
accingo, 3, -nxi, -nctum, *gird on, arm;* intr. operi, *set vigorously to the work*.
accio, 4, *summon, invite*.
accipio, 3, -cepi, -ceptum, *receive, accept, admit, hear, learn*.
accipiter, -tris, m. *hawk*.
acclivus, -a, -um, *steep*.
accola, -ae, c. *neighbour*.
accolo, 3, -ui, *dwell at* or *by*.
accurro, 3, -curri, -cursum, *run* or *hasten to*.
acerbitas, -atis, f. *harshness, grief*.
acerbus, -a, -um, *harsh, grievous*.
Acesta, -ae, f. town in Sicily.
acetum, -i, n. *sour wine, vinegar*.
Achilles, -is, m. son of Peleus, king of Thessaly, and the sea-goddess Thetis ; hero in the Trojan war.
Achivi, -orum, m. pl. *the Greeks*.
acies, -ei, f. *sharp edge* or *point of weapon, line of battle*.
Actias, -adis, f. adj. *Attic, Athenian*.
actio, -onis, f. *a doing, action,* (legal) *suit*.

actor, -oris, m. *doer, driver.*

acuo, 3, -ui, -utum, *sharpen, stimulate.*

adduco, 3, -xi, -ctum, *lead, draw back, induce.*

adeo, 4, *go to, approach.*

adeo, adv. *to that point, so far, so, moreover.*

adesus, -a, -um, *worn away, smooth.*

adfari, adfatus, dep. defect. v. *speak to.*

adfero, (**aff-**), -ferre, -tuli, -latum, *bring* or *carry to, extol.*

adficio, (**aff-**), 3, -feci, -fectum, *do something to, affect, visit with, weaken.*

adfingo, (**aff-**), 3, -inxi, -ictum, *fabricate.*

adfirmo, 1, *confirm.*

adfligo, 3, -xi, -ctum, *strike down, lay low, ruin, dishearten.*

adgredior, (**agg-**), 3, -gredi, -gressus, *approach, attack.*

adhibeo, 2, *employ, bring, summon.*

adhortor, 1, dep. v. *encourage, exhort.*

adicio, (**-iicio**), 3, -ieci, -iectum, *hurl, add to, state in addition.*

adigo, 3, -egi, -actum, *drive, hurl.*

adimo, 3, -emi, -emptum, *remove.*

adipiscor, 3, -eptus, dep. v. *obtain.*

aditus, -us, m. *entrance.*

adiungo, 3, -nxi, -nctum, *join to, attach to oneself.*

adiutor, -oris, m. *helper.*

adiuvo, 1, -iuvi, -iutum, *help, encourage.*

adminiculum, -i, n. *support.*

administer, -tri, m. *assistant.*

administro, 1, *manage, carry on* (work).

admitto, 3, -misi, -missum, *admit, commit crime.*

admodum, adv. *quite, completely;* (with numbers) *at least.*

admoneo, 2, *warn, remind, suggest.*

admonitus, -us, m. *suggestion, warning.*

adnuo, (**ann-**), 3, -ui, *nod assent, consent.*

adolesco, 3, -evi, -ultum, *grow up.*

adoperio, 4, -ui, -ertum, usu. in perf. part. *wrapped up.*

adorior, 4, -ortus, *attack.*

adprobo, 1, *approve.*

adquiro, 3, -sivi, -situm, *get in addition, win.*

adripio, 3, -ripui, -reptum, *lay hold of, seize.*

adsentatiuncula, -ae, f. *trivial flattery.*

adsentator, -oris, m. *flatterer.*

adulterinus, -a, -um, *counterfeit.*

aduro, 3, -ussi, -ustum, *scorch, burn.*

adusque, prep. with acc. *as far as.*

adveho, 3, -xi, -ctum, *carry, bring to;* pass. *drive, ride.*

advento, 1, *approach.*

adventus, -us, m. *approach, arrival.*

adversus, -a, -um, *opposite;* adverso colle, *up hill,* adverse, *unfavourable.*

advesperascit, -avit, impers. v. *evening approaches.*

adytum, -i, n. *shrine, sanctuary.*

aedes or **aedis**, -is, f. *temple;* in pl. *house.*

Aefula, -ae, f. a town between Tibur and Praeneste.

Aegaeus, -a, -um, *Aegean.*

aegre, adv. *with trouble* or *difficulty, scarcely.*

Aegyptus, -i, f. Egypt.

aenus, -a, -um, *of bronze* or *copper.*

aequabilis, -e, *uniform, unchanged.*

aequaevus, -a, -um, *of equal age.*

aequalis, -e, *equal, of the same age, contemporary.*

aequo, 1, *make level, make one thing equal to another*; aequato Marte, *with equal fighting strength.*

aequor, -oris, n. *sea.*

aequoreus, -a, -um, *of the sea.*

aequus, -a, -um, *level, favourable, friendly, equal, impartial, with tranquil mind.*

aer, aeris, m. (acc. aera or aerem), *air.*

aeratus, -a, -um, *covered with bronze* or *copper.*

aerius, -a, -um, *airy, towering.*

aerumna, -ae, f. *toil, hardship.*

aes, aeris, n. *copper, fare.*

aesculetum, -i, n. *oak forest.*

aestas, -atis, f. *summer.*

aestivus, -a, -um, *of the summer.*

aestuosus, -a, -um, *sultry.*

aestus, -us, m. *scorching heat, tide.*

aether, -eris, m. *the sky.*

Aethon, *Tawny.*

aevum, (aevom), -i, n. *period of time, age, generation.*

affecto, 1, *strive after.*

afflicto, 1, *damage greatly.*

Afranius, a general of Pompey. He was in command of troops

in Spain and was defeated by Caesar, B.C. 49.

Agesilaus, a king of Sparta; Xenophon wrote his life.

agger, -eris, m. *rampart, embankment.*

agglomero, 1, *join* or *attach to.*

aggrego, 1, *gather together;* se, *rally round.*

agitator, -oris, m. *driver.*

agmen, -inis, n. *trail of snake, body of troops on the march.*

agnosco, 3, -gnovi, -gnotum, *recognise, understand.*

ago, 3, egi, actum, *drive, do, act;* agere cum aliquo, *to negotiate* or *treat with a person;* bellum, *to wage war;* (of time) *to spend;* imperat. age, *come then.*

agrestis, -e, *of the country, rustic, growing wild*; subst. *a countryman.*

Ahala, C. Servilius, Master of the Horse to the Dictator L. Cincinnatus, slew Sp. Maelius who had been accused of conspiring to obtain kingly power.

aio, defect. v. *say, assert.*

albeo, 2, *be white.*

Alcides, -ae, m. *descendant of Alceus,* Hercules.

ales, -itis, c. (poet.) *bird;* Pallas ales, *the owl,* sacred to Pallas Athene (Minerva).

alias, adv. *elsewhere, at another time.*

alibi, adv. *in another place;* alius alibi, *one in one place, another in another.*

alieno, 1, *estrange;* alienari ab sensu, *to be without feeling.*

alienus, -a, -um, *belonging to another person, unsuitable.*

aliger, -era, -erum, *winged.*

alio, adv. *to another place;* alius alio, *one in one direction, another in another.*

alipes, -edis, adj. *wing-footed.*

aliquamdiu, adv. *for a while.*

aliquando, adv. *at some time or other, at length.*

aliquanto and aliquantum, adv. *somewhat.*

aliquantum, -i, n. *a good deal.*

aliquis, aliquid, indef. subst. pron. *someone, something, anyone, anything.*

aliquo, adv. *to some place or other.*

aliquot, indef. indecl. adj. *some, a few.*

aliter, adv. *otherwise;* with atque, ac, quam, *otherwise than.*

alius, -a, -ud, *another, other;* alius...alius, *one...another;* alii...alii, *some...others.*

alligo, 1, *fasten.*

Allobroges, -um, m. *the Allobrogians,* a people of Gaul.

almus, -a, -um, *nourishing, kindly.*

alo, 3, -ui, -itum, *nourish.*

altaria, -ium, n. pl. *altar.*

alveus, -i, m. *hollow, bed of river.*

alvus, -i, f. *belly.*

amabilis, -e, *lovable, charming.*

amarantus, -i, m. *amaranth.*

ambages, -um, f. pl. *winding way;* per ambages, *enigmatically.*

ambiguus, -a, -um, *changeful, ambiguous.*

ambio, 4, *go round, go round canvassing.*

ambitus, -us, m. *circuit.*

ambo, -ae, -o, *both.*

ambrosia, -ae, f. *ambrosia, food of the gods.*

amburo 3, -ussi, -ustum, *scorch.*

amens, -entis, adj. *frantic, mad.*

amentia, -ae, f. *madness.*

amitto, 3, -misi, -missum, *let go, lose.*

amomum, -i, n. an Eastern spice.

amoveo, 2, -movi, -motum, *take away.*

amplector, 3, -plexus, dep. v. *embrace, esteem.*

amplexus, -us, m. *an embrace.*

amplius, adv. *more, further.*

amplus, -a, -um, *wide, influential, distinguished.*

anceps, -cipitis, adj. *two-headed, doubtful, uncertain, critical.*

Anchises, -ae, m. father of Aeneas.

ancile, -is, n. the sacred shield which fell from heaven during the reign of Numa.

ancilla, -ae, f. *a maid-servant.*

Ancus Marcius, -i, m. the fourth king of Rome.

Andromeda, -ae, f. daughter of Cassiope and Cepheus.

anfractus, -us, m. *circuit.*

anguis, -is, c. *a snake.*

angulus, -i, m. *a corner.*

angustiae, -arum, f. pl. *narrow place, defile.*

angustus, -a, -um, *narrow;* angusta viarum, *narrow ways; pinching* (of poverty).

anima, -ae, f. *air, breath, soul.*

animadverto, 3, -ti, -sum, *turn the mind to, notice.*

animus, -i, m. *mind, heart, will, purpose.*

antea, adv. *formerly.*

VOCABULARY

antecapio, 3, -cepi, -ceptum, *take beforehand.*
antecedo, 3, -cessi, -cessum, *go before.*
anteo, 4, *precede, excel.*
antepono, 3, -posui, -positum, *place before, prefer.*
antesignanus, -i, m. *one who fought in front of the standards.*
antestor, 1, dep. v. *to call as witness;* in Horace, that the plaintiff has made the arrest. It was usual to appeal to any passer by as a witness and if he consented the plaintiff touched the tip of his ear.
antevenio, 4, -veni, -ventum, *come before, get in front of.*
antiquitus, adv. *in former times.*
Antonius, M., the triumvir; he commanded Caesar's left wing at the battle of Pharsalus.
antrum, -i, n. *a cave.*
anus, -us, f. *an old woman, aged sybil.*
Anxur, -uris, n. ancient town in Latium, 20 miles from Appi Forum.
Apella, -ae, m. a Jew's name.
Apelles, -is, m. a famous Greek painter in the time of Alexander the Great.
apparatus, -us, m. *preparation, pomp.*
appello, 3, -puli, -pulsum, (nautical) *bring to land.*
appetens, -entis, adj. *eager for.*
Appi Forum, a town in Latium founded by Appius Claudius.
applico, 1, *fasten to, bring towards.*

appono, 3, -posui, -positum, *put near, add, reckon up.*
appropinquo, 1, *approach.*
apricus, -a, -um, *sunny.*
apto, 1, *fit, adapt, put on.*
apud, prep. with acc. *with, by, near, at, in the presence of.*
Apulia, -ae, f. region in the S.E. of Italy.
Apulus, -a, -um, *Apulian.*
aquilo, -onis, m. *the north wind.*
Aquinum, -i, n. a town in Latium.
aquosus, -a, -um, *moist.*
aratrum, -i, n. *plough.*
arbiter, -tri, m. *umpire, judge.*
arbitrium, -ii, n. *judgement, decision.*
arbitror, 1, dep. v. *give judgement, think, believe.*
arbustum, -i, n. *shrubbery.*
Arcadia, -ae, f. a mountainous district of the Peloponnesus.
arcanus, -a, -um, *secret, hidden, mystic.*
Arcas, -adis, m. *an Arcadian*; in Ovid, Evander.
arceo, 3, -cui, -ctum, *drive away.*
arcesso, (accerso), 3, -ivi, -itum, *send for, summon, bring.*
arctos, (-us), -i, f. *the Bear constellation.*
arctus, -a, -um, see artus.
ardeo, 2, arsi, intr. v. *burn, be eager.*
arduus, -a, -um, *high, lofty.*
area, -ae, f. *courtyard, playground, threshing floor.*
Arethusa, -ae, f. nymph of famous fountain near Syracuse.
Argo, -us, f. Jason's ship in his quest for the golden fleece.

153

VOCABULARY

Argolicus, -a, -um, *Argive* or *Greek.*

Argos, n. capital of Argolis in the Peloponnesus.

Aricia, -ae, f. town of Latium on the Appian Way, 16 miles from Rome.

aridus, -a, -um, *dry, parched.*

aries, arietis, m. *a ram.*

arista, -ae, f. *ear of grain.*

armamenta, -orum, n. *tackle* (of ship).

armentum, -i, n. *a herd.*

armiger, -eri, m. *armour-bearer.*

Arpinas, -atis, adj. *of Arpinum.* In Cicero's letter, praedium is understood.

arrectus, -a, -um, *steep, raised, alert.*

arte, adv. *in close order.*

artifex, -icis, c. *artist;* adj. *skilled in.*

artus,(arctus), -a, -um, *narrow;* as subst. **artum,** -i, n. *a narrow place.*

artus, -uum, m. pl. *limbs.*

arvum, -i, n. *ploughed land, fields.*

ascensus, -us, m. *ascent, step.*

ascisco, 3, -ivi, -itum, *receive, admit.*

asellus, -i, m. *young ass.*

aspectus, -us, m. *look, sight.*

asperitas, -atis, f. *roughness.*

aspernor, 1, dep. v. *despise, reject.*

aspicio, 3, -spexi, -spectum, *look at.*

aspiro, 1, *breathe upon, be favourable to.*

assector, 1, dep. v. *accompany, follow closely.*

assideo, 2, -sedi, -sessum, *sit by* or *near.*

assiduus, -a, -um, *continual.*

assuetus, -a, -um, *customary, usual.*

assurgo, 3, -surrexi, -surrectum, *rise* or *stand up.*

asto, 1, -stiti, *stand at, stand erect.*

astrum, -i, n. *star, constellation.*

Atabulus, -i, m. a hot wind blowing in Apulia, the Sirocco.

ater, atra, atrum, *black, dark, stormy.*

Atlas, -antis, m. one of the Titans who made war on Zeus and was condemned to bear the heavens on his shoulders.

atqui, conj. *but yet, however.*

Atrebates, -um, c. a people in Gallia Belgica, the modern Artois.

Atridae, -arum, the sons of Atreus, Agamemnon and Menelaus.

atrium, -ii, n. *a hall, court.*

attenuo, 1, *weaken.*

attingo, 3, -tigi, -tactum, *touch, reach.*

attollo, 3, *lift* or *raise up.*

attonitus, -a, -um, *bewildered, stunned.*

attribuo, 3, -ui, -utum, *assign to.*

auctor, -oris, m. *originator, author, adviser.*

auctoritas, -atis, f. *power, influence, authority.*

aucupor, 1, dep. v. *lie in wait for, pursue.*

audeo, 2, ausus, semi-dep. *venture, dare.*

aufero, -ferre, abstuli, ablatum, *take* or *bear off, carry off, remove.*

Aufidius Luscus, praetor at

Fundi; he had been a clerk and, as a compliment to Maecenas, he put on a toga praetexta, which was worn by higher magistrates and was bordered with purple, and also a tunic with the broad purple stripe (latus clavus) which only senators had the right to wear.

aufugio, 3, -fugi, *run away.*

augeo, 2, auxi, auctum, tr. v. *increase, load with.*

augur, -uris, c. *soothsayer, seer.*

augurium, -ii, n. *augury, prophecy.*

aulaeum, -i, n. *embroidered tapestry, curtain.*

auricula, -ae, f. *ear, tip of the ear.*

auriga, -ae, c. *charioteer.*

Aurora, -ae, f. goddess of the dawn.

Ausonius, -a, -um, and **Ausonis**, -idis, f. adj. *Italian.*

auster, -tri, m. *the south wind.*

ausum, -i, n. *a bold deed, venture.*

auxilior, 1, dep. v. *help, aid.*

avarus, -a, -um, *greedy.*

aveho, 3, -vexi, -vectum, *carry off;* pass. *ride away.*

avello, 3, -velli or -vulsi, -vulsum, *tear* or *pull away.*

avena, -ae, f. *oat, shepherd's pipe.*

Avernus, -i, m. the Lower World.

aversus, -a, -um, *turned away, backwards.*

averto, 3, -ti, -sum, *turn away alienate.*

avidus, -a, -um, *eager, greedy*

avius, -a, -um, *out of the way, remote.*

axis, -is, m. *axle, chariot, axis*

of the earth; sub axe, *under the open heaven.*

baccar, -aris, n. *cyclamen.*

Bacchus, -i, m. the god of wine, son of Jupiter and Semele.

Bactra, -orum, n. pl. capital of Bactria (Bokhara).

balanus, -i, f. *balsam.*

Baliares, -ium, m. pl. inhabitants of the Balearic islands, Majorca and Minorca; they were famous as slingers.

Bandusia, -ae, f. a fountain near Venusia, the birthplace of Horace.

Barium, -ii, n. a town in Apulia.

beatus, -a, -um, *happy, wealthy, prosperous.*

bellator, -oris, m. *warrior.*

bello, 1, *wage war.*

belua, -ae, f. *a beast, monster.*

beneficium, -ii, n. *kindness, favour.*

Beneventum, -i, n. a town in Samnium.

benignus, -a, -um, *kind, liberal.*

bibo, 3, bibi, *drink.*

biduum, -ui, n. *period of two days.*

biennium, -ii, n. *period of two years.*

biforis, -e, adj. *with two doors.*

bilis, -is, f. *bile, anger.*

bipartito, adv. *in two parts or divisions.*

bipatens, -ntis, adj. *opening two ways.*

bipennis, -is, f. *a double-edged axe.*

biremis, -e, *two-oared.*

blandimentum, -i, n. *blandishment.*

blandus, -a, -um, *coaxing, alluring.*

VOCABULARY

Bootes, -ae, m. *the Waggoner,* a constellation.

bracchium, -ii, n. *the arm.*

brevi (sc. tempore), *in a short time.*

bruma, -ae, f. *winter, winter cold.*

Brundisium, -ii, n. a town in Calabria on the Adriatic, modern *Brindisi.*

bulla, -ae, f. *knob, stud, boss.*

cacumen, -inis, n. *summit.*

cado, 3, cecidi, casum, *fall,* (of stars) *set.*

caducifer, -era, -erum, *bearing the caduceus,* or *herald's staff,* an epithet of Mercury.

cadus, -i, m. *large earthenware jar.*

Caecubum, -i, n. (sc. vinum), *Caecuban wine.*

caecus, -a, -um, *blind, dark;* caeco Marte, *in uncertain warfare.*

caedes, -is, f. *slaughter.*

caedo, 3, cecidi, caesum, *cut, cut down, slaughter.*

caelator, -oris, m. *a chaser in metals, carver.*

caelestis, -e, *heavenly;* as subst. *god, goddess.*

caeruleus, (-ulus), -a, -um, *dark-coloured, dark-blue.*

caespes, -itis, m. *turf.*

calathus, -i, m. *wicker basket.*

Calatia, -ae, f. a town in Campania.

calcar, -aris, n. *spur.*

calco, 1, *tread under foot.*

calesco, 3, *become warm.*

calidus, -a, -um, *warm, hot.*

caliginosus, -a, -um, *misty, obscure.*

caligo, -inis, f. *mist, darkness.*

caligo, 1, *be gloomy.*

callidus, -a, -um, *experienced, skilful, crafty.*

callis, -is, m. and f. *footpath.*

Callisthenes, a Greek historian whose works have perished.

caltha, -ae, f. *marigold.*

Calymne, -es, f. an island off the coast of Caria.

caminus, -i, m. *forge, fireplace.*

Campanus pons, *the Campanian bridge,* 3 miles from Sinuessa.

campester, -tris, -tre, *of a plain, flat.*

candelabrum, -i, n. *candlestick.*

candeo, 2, -ui, *be white hot;* pres. part. candens, *glittering.*

candesco, 3, -dui, *begin to glow.*

candidus, -a, -um, *gleaming, fair, pure.*

caneo, 2, -ui, *be grey, white.*

canesco, 3, *grow white.*

canicula, -ae, f. *the Dog-star;* its rising was taken to mark the hottest season of the year.

canities, -em, f. *grey hair, old age.*

cano, 3, cecini, cantum, *sing.*

canto, 1, *sing, play.*

cantus, -us, m. *singing, song.*

canus, -a, -um, *white, hoary.*

Canusium, -ii, n. an ancient town in Apulia.

capella, -ae, f. *she-goat.*

Capena, -ae, f. an ancient city of Etruria.

capesso, 3, -ivi, -itum, *strive to reach.*

capillus, -i, m. *hair.*

capio, 3, cepi, captum, *take, seize.*

156

Capito, Fonteius, a friend of Mark Antony.

Capitolium, -ii, n. the Capitol at Rome, on which stood a temple of Jupiter.

capto, 1, *try to catch.*

Capua, -ae, f. chief city in Campania, celebrated for its luxury.

capulus, -i, m. *hilt of sword.*

caput, -itis, n. *head;* capitis deminutio, *civil degradation;* capitis minor, *one who has lost his rights.*

Capys, -yos, m. father of Anchises.

carbasus, -i, f. (pl. carbasa, -orum, n.) *sails.*

cardo, -inis, m. *hinge.*

careo, 2, *be without, keep aloof from, miss.*

carina, -ae, f. *keel of ship, ship.*

caritas, -atis, f. *dearness.*

carmen, -inis, n. *legal formula, song, poem.*

carpo, 3, -psi, -ptum, *pluck, graze on,* (viam) *enter upon.*

casa, -ae, f. *cottage.*

casia, -ae, f. Eastern shrub with aromatic bark.

Cassandra, -ae, f. a prophetess whose word was never believed, daughter of Priam and Hecuba.

castellum, -i, n. *stronghold.*

castus, -a, -um, *chaste, religious.*

casus, -us, m. *fall, occurrence, accident, chance, peril;* casu, adv. *by chance.*

catena, -ae, f. *chain.*

caterva, -ae, f. *crowd, troop.*

catulus, -i, m. *whelp, cub.*

cauda, -ae, f. *tail.*

Caudium, -ii, n. town in Samnium.

caupo, -onis, m. *shopkeeper, innkeeper.*

caupona, -ae, f. *inn, tavern.*

caveo, 2, cavi, cautum, *take care, guard against.*

cedo, 3, cessi, cessum, *retire, yield.*

celebratus, -a, -um, *much frequented.*

celebro, 1, *make known, celebrate.*

cella, -ae, f. *small chamber, shrine.*

celsus, -a, -um, *high, lofty.*

cena, -ae, f. *dinner, feast.*

ceno, 1, *dine.*

censeo, 2, -ui, -sum, *estimate, think, judge.*

centuria, -ae, f. *a division* or *body of* 100, *century.*

cera, -ae, f. *wax.*

Cerberus, -i, m. the dog *Cerberus,* guardian of the entrance to Hades.

cerebrosus, -a, -um, *hot-headed.*

cerebrum, -i, n. *the brain, hot temper.*

Ceres, -eris, f. goddess of agriculture, mother of Proserpine.

cerno, 3, crevi, cretum, *perceive.*

certatim, adv. *emulously.*

certo, 1, *contend, fight.*

certus, -a, -um, *resolved, settled, fixed;* pro certo habere, *regard as certain*; certiorem facere aliquem, *inform someone.*

cerva, -ae, f. *hind.*

cervix, -icis, f. *neck.*

cesso, 1, *loiter, cease,* (of land) *lie fallow.*

VOCABULARY

ceterum, adv. *in other respects, moreover.*

ceu, adv. and conj. *as, like.*

charta, -ae, f. *paper, poem.*

chorda, -ae, f. *string.*

chorea, -ae, f. *choral dance.*

chorus, -i, m. *band of dancers, troop.*

chrysolithos, -i, c. *topaz.*

cibus, -i, m. *food.*

cicatrix, -icis, f. *scar.*

Cicones, -um, m. pl. a Thracian people. Pentheus was torn to pieces by women in a fit of Bacchic frenzy.

Ciliciensis, -e, *Cilician.*

cingo, 3, cinxi, cinctum, *surround, gird.*

cingulum, -i, n. *girdle.*

circa, prep. with acc. *round about, near.*

circiter, adv. *about, near.*

circumago, 3, -egi, -actum, *go out of one's way.*

circumaro, 1, *plough around.*

circumcludo, 3, -si, -sum, *shut or hem in.*

circumdo, 1, *encircle, surround.*

circumeo, 4, *go round, encircle.*

circumfero, -ferre, -tuli, -latum, *carry round,* (of eyes) *cast around.*

circumfundo, 3, -fudi, -fusum, *pour around,* (pass. reflex.) *crowd around.*

circumpadanus, -a, -um, *situated near river Po.*

circumsisto, 3, -steti, *surround.*

circumspecto, 1, *be on the watch for.*

circumvenio, 4, -veni, -ventum, *go round, surround.*

circumvolo, 1, *fly or hover round.*

Cirta, -ae, f. capital of Numidia in which Adherbal took refuge. It was captured by Jugurtha, 112 B.C.

citatus, -a, -um, *quick, rapid;* citato equo, *at full gallop.*

citerior, -us, *on the nearer side.*

cithara, -ae, f. *lyre.*

cito, adv. *quickly;* comp. citius, sup. citissime.

citus, -a, -um, *swift, quick.*

clam, adv. *secretly.*

claresco, 3, clarui, *grow louder, resound.*

claritudo, -inis, f. *renown.*

claudo, 3, clausi, clausum, *shut, close, imprison.*

claudus, -a, -um, *lame, halt of foot.*

claustrum, -i, n. *bar, bolt, gate.*

clava, -ae, f. *club.*

claviger, -eri, m. *the Club-bearer.*

clavis, -is, f. *key.*

cliens, -ntis, m. *a client in relation to patronus.*

clipeus, -i, m. and **clipeum,** -i, n. *large round metal shield.*

clitellae, -arum, f. pl. *pack-saddle.*

clivus, -i, m. *slope, hill.*

Clodius, Sallustius and Pescennius were freedmen of Cicero.

Clymeneia proles, *son of Clymene,* i.e. Phaethon. He was not certain that Apollo was his father.

coacervo, 1, *heap up.*

coactus, part. of cogo.

coagulum, -i, n. *rennet, curds.*

Cocytus, -i, m. *River of Wailing* in the Lower World.

coepi, -isse, coeptum (perf with pres. meaning), *begin.*

coeptus, -us, m. *undertaking.*

158

coerceo, 2, *encompass,restrain.*
coetus, -us, m. *meeting, crowd.*
cogito, 1, *consider thoroughly, think of, plan.*
cognatus, -i, m. *relative.*
cognomen, -inis, n. *surname, nickname.*
cognosco, 3, -gnovi, -gnitum, *ascertain,* (in perf.) *know.*
cogo, 3, coegi, coactum, *collect, compel.*
cohors, -rtis, f. *cohort,* tenth part of legion.
collabor, 3, -lapsus, dep. v. *collapse, fall down.*
Collatia, -ae, f. Sabine town near Rome.
collatus, part. of confero.
collis, -is, m. *hill.*
colloco, 1, *place.*
collum, -i, n. *neck.*
collyrium, -ii, n. *eye-salve.*
colo, 3, colui, cultum, *till, cultivate, worship.*
colocasium, -ii, n. Egyptian plant akin to the arum.
colonus, -i, m. *farmer, colonist.*
coluber, -bri, m. *serpent.*
coma, -ae, f. *hair;* pl. *tresses, foliage.*
comans, -ntis, *with long hair, crested.*
comitatus, -us, m. *company, retinue.*
comitium, -ii, n. an enclosed place near the forum where the assemblies of the people were held.
comito, 1, and comitor, *accompany, follow.*
commeatus, -us, m. *provisions.*
commemoratio, -onis, f. *remembrance.*
commendo, 1, *intrust, recommend.*

commentarius, -ii, m. *notebook;* pl. *notes for a treatise.*
commilito, -onis, m. *comrade.*
comminus, adv. *hand to hand.*
commisceo, 2, -miscui, -mixtum, *mix together.*
commissum, -i, n. *undertaking, transgression.*
committo, 3, -misi, -missum, *unite,* (of battle) *engage in, intrust.*
commode, adv. *conveniently.*
commodum, -i, n. *advantage, profit.*
commodus, -a, -um, *suitable, favourable.*
commonefacio, 3, -feci, -factum, *remind forcibly.*
commoveo, 2, -movi, -motum, *move violently, disturb, startle.*
commutatio, -onis, f. *change.*
commuto, 1, *change.*
compages, -is, f. *joint, structure.*
comperio, 4, -peri, -pertum *ascertain.*
compesco, 3, -pescui, *restrain.*
competo, 3, -ivi, -itum, *be competent.*
complector, 3, -plexus, *embrace, surround, represent.*
compleo, 2, -evi, -etum, *fill up.*
complexus, -us, m. *embrace.*
comploratio, -onis, f. *lamentation.*
complures, -a and -ia, pl. adj. *several, very many.*
compono, 3, -posui, -positum, *place together, collect, join together, compare, put to rest, settle.*
compos, -otis, adj. *master of;* mentis, *in possession of mental faculties.*

compositus, -a, -um, *well-ar-ranged;* hora, *the trysting hour.*

comprehendo, 3, -di, -sum, *seize.*

comprobo, 1, *approve wholly, confirm.*

concedo, 3, -cessi, -cessum, *go away, retire, yield, concede.*

concido, 3, -cidi, *fall down* or *to the ground.*

concieo, 2, -civi, -citum, *collect, move violently, excite.*

concino, 3, -cinui, *sing* or *sound together.*

concio, see contio.

concors, -cordis, *harmonious.*

concrepo, 1, -pui, -pitum, *sound, clash.*

concresco, 3, -crevi, -cretum, *to harden.*

concurro, 3, -curri, -cursum, *run together, join battle.*

concursus, -us, m. *running together, uproar, charge.*

concutio, 3, -cussi, -cussum, *shake violently, convulse.*

condensus, -a, -um, *close, thick.*

condisco, 3, -didici, *learn thoroughly.*

condo, 3, -didi, -ditum, *found, establish, conceal, hide.*

confectus, -a, -um, *worn out, exhausted.*

confero, -ferre, -tuli, collatum, *bring together, collect, con-tribute;* (manum) *join battle;* (lites) *have a dispute with; compare, transfer, attribute, postpone.*

confertim, adv. *in close order.*

confertus, -a, -um, *crowded, in a solid body.*

confestim, adv. *at once, speedily.*

conficio, 3, -feci, -fectum, *ac-complish, make, destroy, weaken.*

confido, 3, -fisus sum, semi-dep. *rely on, believe.*

confirmo, 1, *confirm, assert positively.*

confiteor, 2, -fessus, dep. v. *acknowledge, confess.*

confodio, 3, -fodi, -fossum, *transfix, pierce through.*

confragosus, -a, -um, *broken;* n. pl. *rough ground.*

confugio, 3, -fugi, *flee to* for *refuge.*

congero, 3, -gessi, -gestum, *pile up, shower missiles.*

conglobo, 1, *crowd together.*

congruo, 3, -ui, *agree, corre-spond.*

conicio, 3, -ieci, -iectum, *throw, hurl.*

coniecto, 1, *conjecture.*

coniuncte, adv. *conjointly.*

coniungo, 3, -nxi, -nctum, *join together.*

coniurati, -orum, m. pl. *con-spirators.*

coniuratio, -onis, f. *plot, con-spiracy.*

conlabefacto, 1, *make to totter.*

conligo, 1, *bind together.*

connitor, 3, -nisus or -nixus, *strive hard.*

conor, 1, dep.v. *try, endeavour.*

conquiro, 3, -quisivi, -quisitum, *collect.*

conscendo, 3, -ndi, -nsum, *climb up, embark on ship.*

conscius, -a, -um, *aware of, conspiring.*

consenesco, 3, -senui, *grow old, grow weak.*

consequor, 3, -secutus, dep. v. *follow up* or *close, obtain, do full justice to.*

consero, 3, -serui, -sertum, *join*, (manum)*engage in close combat.*

consero, 3, -sevi, -situm, *sow, plant.*

conservo, 1, *preserve, spare.*

consido, 3, -sedi, -sessum, *sit down together, encamp, take up position, subside.*

consisto, 3, -stiti, -stitum, *take up one's stand, stop.*

consolor, 1, dep. v. *console, comfort, cheer.*

conspectus, -us, m. *sight.*

conspicio, 3, -spexi, -spectum, *observe, perceive.*

conspicor, 1, dep. v. *catch sight of, perceive.*

constanter, adv. *firmly, immovably.*

consterno, 3, -stravi, -stratum, *bestrew, thatch, deck.*

constituo, 3, -ui, -utum, *set, draw up troops, halt, arrange, allot, resolve.*

consto, 1, -stiti, -stitum, *agree with, correspond;* impers. *it is admitted, well known;* constat mihi, *it is my fixed resolve.*

constringo, 3, -inxi, -ictum, *bind together, keep in check.*

consuesco, 3, -suevi, -suetum, tr. and intr. *accustom, be accustomed.*

consuetudo, -inis, f. *custom, habit;* ex consuetudine, *according to custom.*

consularis, -e, *of consular rank;* subst. *an ex-consul.*

consulo, 3, -ului, -ultum, *consult, take measures;* with dat. *study interests of.*

consultatio, -onis, f. *deliberation.*

consultum, -i, n. *decision, decree of senate.*

consumo, 3, -sumpsi, -sumptum, *consume, destroy.*

consurgo, 3, -surrexi, -surrectum, *rise up, revolt.*

contagio, -onis, f. *contact, contagion.*

contego, 3, -texi, -tectum, *cover up.*

contendo, 3, -di, -tum, *stretch, strive, exert oneself.*

conterreo, 2, *thoroughly frighten.*

contestor, 1, dep. v. *call to witness, invoke.*

contexo, 3, -xui, -xtum, *weave together.*

conticesco, 3, -ticui, *become still.*

continens, -entis, adj. *adjacent, continuous;* continentibus diebus, *on several days in succession;* subst. *continent, mainland.*

contineo, 2, -ui, -tentum, *hold* or *keep together, restrain.*

contingo, 3, -tigi, -tactum, *happen, fall to one's lot.*

contio, -onis, f. *assembly, meeting of people* or *soldiers.*

contorqueo, 2, -torsi, -tortum, *twist.*

controversia, -ae, f. *dispute.*

contumelia, -ae, f. *insult.*

conturbo, 1, *throw into disorder.*

convello, 3, -velli, -vulsum, *tear up, overthrow.*

convenio, 4, -veni, -ventum, *come together, assemble;* impers. convenit, *it is agreed.*

conventus, -us, m. *assembly, meeting.*

converto, 3, -ti, -sum, *turn, direct.*

VOCABULARY

convexus, -a, -um, *arched, vaulted.*

convicium, -ii, n. *clamour, abuse.*

conviva, -ae, c. *guest.*

convivium, -ii, n. *banquet.*

convoco, I, *call together, assemble.*

co-orior, 4,-ortus, dep.v.*spring up.*

copia, -ae, f. *abundance, opportunity, wealth, resources.*

copiosus, -a, -um, *well supplied with, rich.*

cor, cordis, n. *heart;* cordi esse alicui, *be dear, pleasing to.*

coram, adv. *face to face;* prep. with abl. *in the presence of.*

cornix, -icis, f. *crow.*

cornu, -us, n. *horn, wing of army.*

Coroebus, -i, m. a young Phrygian who fought for Priam.

corono, I, *wreathe, surround.*

corripio, 3, -ripui, -reptum, *seize.*

corrumpo, 3, -rupi, -ruptum, *destroy, corrupt.*

corruo, 3,-ui,*fall to the ground.*

cortex, -icis,m.*bark,rind,shell.*

Cortona, -ae, f. town in Etruria.

coruscus, -a, -um, *quivering, flashing.*

costa, -ae, f. *rib, side.*

cothurnus, -i, m. *buskin worn by tragic actors.*

cotidianus, -a, -um, *daily;* adv. cotidie.

cras, adv. *to-morrow.*

Crassus, M. Licinius, the triumvir, defeated at Carrhae in Mesopotamia by the Parthians, 54–53 B.C.

crastinus,-a,-um,*of to-morrow.*

crater, -eris, m. *mixing-bowl.*

creber, -bra, -brum, *frequent, repeated.*

cremo, I, *consume by fire.*

crepusculum, -i, n. *twilight.*

cresco, 3, crevi, cretum, *grow, be born, increase.*

crimen, -inis, n. *charge, accusation.*

crinis, -is, m. *hair.*

crista, -ae, f. *crest of helmet, plume.*

croceus, -a, -um, *saffron-coloured.*

crocus, -i, m. *crocus.*

cruciatus, -us, m. *torture.*

crudus, -a, -um, *raw, suffering from indigestion.*

cruentus, -a, -um, *blood-stained, cruel.*

cruor, -oris, m. *gore.*

cubile, -is, n. *bed, lair.*

cubo, I, -ui, -itum, *lie down, sleep.*

culex, -icis, m. *gnat.*

culina, -ae, f. *kitchen, fare.*

culmen, -inis, n. *top, summit.*

culpa, -ae, f. *fault, blame.*

culter, -tri, m. *knife.*

cultus, -us, m. *cultivation, style of dress.*

Cumae, -arum, f. pl. city on the coast of Campania, famous for its Sibyl.

cumulo, I, *heap, pile up.*

cumulus, -i, m. *heap, pile.*

cunabula, -orum, n. pl. *cradle.*

cunae, -arum, f. pl. *cradle.*

cunctor, I, dep. v. *delay, hesitate.*

cunctus, -a, -um, *all, the whole.*

cupiditas, -atis, f. *passionate desire, greed.*

cupido, -inis, f. *desire, longing.*

162

cupio, 3, -ivi or -ii, -itum, *desire, long for, wish.*

cupressus, -i, f. *cypress-tree.*

cur, *why.*

curia, -ae, f. *the Senate House.*

currus, -us, m. *chariot.*

curso, 1, *run hither and thither, to and fro.*

cursus, -us, m. *a running, course.*

curtus, -a, -um, *circumcised.*

curvamen, -inis, n. *curve.*

curvatura, -ae, f. *rim of wheel.*

cuspis, -idis, f. *spear, scorpion's sting.*

custodio, 4, *watch over, guard.*

cutis, -is, f. *skin.*

cymba, -ae, f. *boat, skiff.*

Cynthia, -ae, f. Diana, sister of Apollo.

Cyprius, -a, -um, *Cyprian.*

Cyzicum, -i, n. town on the Black Sea.

damnosus, -a, -um, *hurtful, baneful.*

damnum, -i, n. *hurt, damage, loss of money.*

Danai, -orum, m. pl. the Greeks.

Danaus, -i, m. son of Belus, founded Argos; Danai genus, the 50 daughters of Danaus, who with one exception murdered their husbands and were punished in Hades by being compelled to pour water through a sieve.

(daps), dapis, f. defect. *banquet.*

Dardanidae, -arum and -um, the Trojans.

Daunias, -adis, f. Apulia, so called after Daunus, an ancient king of Apulia.

debello, 1, intr. *bring a war to an end;* tr. *vanquish.*

debeo, 2, *owe, be bound, ought.*

debilis, -e, *feeble, weak.*

debilito, 1, *weaken, dishearten.*

decedo, 3, -cessi, -cessum, *go away, withdraw.*

decerno, 3, -crevi, -cretum, *decide, determine, decree, resolve.*

decerto, 1, *fight a decisive battle.*

decet, 2, -cuit, *it is seemly, becoming, fitting.*

decido, 3, -cidi, *fall down, sink.*

decima, (sc. pars), *tenth part, tithe.*

decipio, 3, -cepi, -ceptum, *ensnare, deceive.*

declivis, -e, *steep, sloping downwards.*

decorus, -a, -um, *becoming, handsome.*

decresco, 3, -crevi, -cretum, *decrease, diminish.*

decretum, -i, n. *decree, resolution.*

decumana porta, the main entrance of a Roman camp, on side farthest from the enemy.

decus, -oris, n. *ornament, glory.*

decutio, 3, -cussi, -cussum, *shake* or *cut down.*

dedecus, -oris, n. *disgrace.*

deditio, -onis, f. *capitulation.*

dedo, 3, -didi, -ditum, *give up, surrender.*

deduco, 3, -duxi, -ductum, *lead down, withdraw, remove, plant a colony, dissuade.*

defatigo, 1, *tire out.*

defero, -ferre, -tuli, -latum, *bring* or *carry down, drive a ship to a place, report, denounce.*

defessus, -a, -um, *weary.*

deficio, 3, -feci, -fectum, *fail, be wanting.*

defigo, 3, -xi, -xum, *fix* or *fasten down, thrust.*

deflecto, 3, -xi, -xum, *turn aside.*

deformatio, -onis, f. *disfiguring.*

deformis, -e, *deformed, hideous, shapeless.*

defungor, 3, -functus, dep. v. *discharge, perform, be quit of;* defunctus vita, *dead.*

degener, -eris, adj. *degenerate.*

dego, 3, degi, *spend* or *pass time, live.*

degravo, 1, *weigh down.*

deicio, 3, -ieci, -iectum, *cast down, throw headlong.*

deiectus, -us, m. *fall.*

deinceps, *successively, continuously.*

deinde (dein), adv. *afterwards, then.*

Deiphobus, -i, m. son of Priam and Hecuba.

delabor, 3, -lapsus, dep. *slip* or *fall down.*

delatus, part. of defero.

delectatio, -onis, f. *delight.*

delectus, -us, m. *selection, levy.*

deleo, 2, -levi, -letum, *wipe out, annihilate.*

deligo, 1, *fasten, moor ship.*

deligo, 3, -legi, -lectum, *pick out, choose.*

delirus, -a, -um, *crazy.*

delitesco, 3, -litui, *lie hid.*

Delos, -i, f. an island in the Cyclades.

delphin, -inis, m. (acc. -ina), *dolphin.*

delubrum, -i, n. *shrine.*

demens, -ntis, *mad, foolish.*

demeto, 3, -messui, -messum, *reap.*

demissus, -a, -um, *low-lying, low-down.*

demitto, 3, -misi, -missum, *send down, lower.*

demonstro, 1, *point out, mention.*

demum, adv. *at length, at last.*

denego, 1, *refuse, deny a request.*

denique, adv. *at length, at last.*

denuntio, 1, *announce officially, declare.*

depascor, 3, -pastus, dep. v. *feed upon.*

depereo, 4, -ii, *be utterly lost.*

depono, 3, -posui, -positum, *set* or *place down, resign.*

deposco, 3, -poposci, *demand, challenge.*

deprecor, 1, dep. v. *entreat, pray against.*

deprehendo, 3, -di, -sum, *seize upon, arrest, discover.*

deproelior, 1, dep. v. *fight fiercely.*

depromo, 3, -prompsi, -promptum, *produce.*

deripio, 3, -ripui, -reptum, *tear* or *snatch away.*

derisor, -oris, m. *mocker.*

derisus, -us, m. *mockery.*

dero, fut. of desum.

desero, 3, -rui, -rtum, *leave, forsake.*

desiderium, -ii, n. *yearning, regret.*

desidero, 1, *yearn for, lose, miss.*

designo, 1, *indicate.*

desilio, 4, -silui, -sultum, *leap down.*

desino, 3, -sii, -situm, *cease.*

despicio, 3, -spexi, -spectum, *look down upon, despise.*

despondeo, 2, -spondi, -sponsum, *betrothe.*

destino, 1, *determine, design.*
destituo, 3, -ui, -utum, *place.*
destringo, 3, -strinxi, -strictum, *draw sword.*
desuetus, -a, -um, *unaccustomed.*
desum, -esse, -fui, *be away, lacking, fail.*
desuper, adv. *from above.*
detendo, 3, -sum, *take down* (tents).
deterior, -us, comp. adj. *worse, inferior.*
detero, 3, -trivi, -tritum, *rub or wear away.*
deterreo, 2, *frighten off, prevent.*
detraho, 3, -xi, -ctum, *draw off, remove.*
detrecto, 1, *draw back from, discredit.*
detrimentum,-i,n.*loss,damage.*
detrudo, 3, -si, -sum, *thrust down* or *off.*
devinco, 3, -vici, -victum, *conquer completely.*
devinctus, -a, -um, *devoted to.*
dexter, -tera, -terum, (-tra, -trum), *on the right hand* or *side, skilful.*
Diana, -ae, f. goddess of Hunting, sister of Apollo.
dicio, (ditio),-onis, f. *dominion, power.*
Diespiter, -tris, m. *Father of the bright sky*, Jupiter.
differo, -ferre, distuli, dilatum, *scatter, postpone.*
differtus, -a, -um, *crowded.*
diffido, 3, -fisus sum, semi-dep. v. *distrust.*
diffingo, 3, *reshape, alter.*
diffugio, 3, *disperse.*
diffundo, 3, -fudi, *pour out, scatter.*

digero, 3, *carry in different directions.*
digitus, -i, m. *finger.*
dignor, 1, dep. v. *deem worthy, condescend.*
diiudico, 1, *judge between, decide.*
dilabor, 3, -lapsus, dep. v. *fall away* or *to pieces, disperse.*
diligo, 3, -lexi, -lectum, *esteem highly, love.*
dilucesco,3, -luxi,*begin to grow light.*
diluvies, -ei, f. *deluge.*
dimicatio, -onis, f. *fight, encounter.*
dimico, 1,*fight.*
dimidium, -ii, n. *half.*
dimitto, 3, *send away.*
dimoveo, 2, *move aside, disperse.*
Diomedes, -is, m. son of Tydeus, hero at the siege of Troy.
diota, -ae, f. *two-handed vessel, wine-jar.*
direptio, -onis. f. *pillaging.*
diripio, 3, -ui, -reptum, *tear in pieces, plunder.*
dirumpo, 3, *break asunder.*
dirus, -a, -um, *dread, fierce, ill-omened.*
Dis, Ditis, m. god of the Lower World, Pluto.
(dis), ditis, *rich;* comp. ditior.
discedo, 3, *go different ways, go away from, retire.*
discepto, 1, *debate, discuss.*
discerpo, 3, -psi, -ptum, *tear in pieces.*
discessus, -us, m. *departure.*
disco, 3, didici, *learn.*
discors, -cordis, *hostile.*
discribo, 3, *distribute, apportion.*

VOCABULARY

discrimen, -inis, n. *an interval, difference, crisis, peril.*

discumbo, 3, *recline at table.*

disicio, 3, -ieci, -iectum, *scatter, rout.*

dispar, -aris, *unequal, ill-matched.*

dispello, 3, -puli, -pulsum, *disperse.*

dispereo, 4, *perish utterly.*

dispertio, 4, *divide.*

dispono, 3, *distribute, arrange.*

dissero, 3, *discuss.*

dissimulo, 1, *conceal, pretend that something is not what it is.*

dissolutus, -a, -um, *loose, careless.*

dissolvo, 3, *unloose, relax.*

dissonus, -a, -um, *discordant, confused.*

distendo, 3, *stretch apart, extend, distend.*

distinguo, 3, *ornament, distinguish.*

distorqueo, 2, -torsi, -tortum, *twist, roll* (eyes).

distraho, 3, *pull asunder, separate.*

distribuo, 3, *distribute, allot.*

ditior, see (dis).

diu, adv. *for a long time, long;* comp. diutius, sup. diutissime.

diurnus, -a, -um, *daily, by day.*

divello, 3, *rend asunder.*

diverbero, 1, *cleave asunder.*

diversus, -a, -um, *opposite, separate.*

divido, 3, -visi, -visum, *divide.*

divitiae, -arum, f. pl. *riches.*

divortium, -ii, n. *cross-roads.*

divulgo, 1, *spread among the people.*

divus, -a, -um, *divine;* divus, -i, m. *god;* diva, -ae, f. *goddess* ; divum, -i, n. *the sky* ; sub divo, *in the open air.*

doleo, 2, *feel* or *suffer pain, grieve.*

dolo, 1, *cudgel.*

Dolopes, -um, m. pl. warlike people in Thessaly.

dolus, -i, m. *fraud, deceit.*

domina, -ae, f. *mistress, sweetheart.*

dominor, 1, dep. v. *be lord* or *master.*

domo, 1, -ui, -itum, *tame, vanquish.*

donec, conj. *as long as, until.*

Doricus, -a, -um, *Dorian, Greek.*

dorsum, -i, n. *back.*

dos, dotis, f. *dowry.*

draco, -onis, m. *serpent.*

Druentia, -ae, f. tributary of the Rhone.

Dryas, -adis, f. *a Dryad, wood-nymph.*

dubito, 1, *be uncertain, hesitate, ponder on.*

dubius, -a, -um, *doubtful, difficult.*

duco, 3, -xi, -ctum, *lead, consider, think.*

duellum=bellum.

dulcedo, -inis, f. *sweetness, charm.*

dum, conj. *while, as long as, until, provided that.*

dumetum, -i, n. *thicket.*

dumus, -i, m. *bramble.*

duplico, 1, *repeat.*

duro, 1, *harden, endure.*

duumviri, *a board consisting of two persons.*

Dyrrachinus, -a, -um, *of Dyrrachium,* a town in Illyria where Pompey had his headquarters. Caesar was repulsed in an attack on the town.

ebur, -oris, n. *ivory.*

ecquis, ecquid, interrog. pron. *is there any who?* Adv. ecquid, *whether?*

edo, 3, -didi, -ditum, *give* or *put forth, give birth to, set forth, declare.*

educo, 3, *lead out.*

effero, -ferre, extuli, elatum, *carry out, extol.*

efficio, 3, *effect, bring about.*

effor, 1, dep. v. *speak out, utter.*

effrenatus, -a, -um, *unbridled.*

effringo, 3, -fregi, -fractum, *break open.*

effundo, 3, -fudi, -fusum, *pour forth, cast away.*

egeo, 2, -ui, *be in need.*

egero, 3, -gessi, -gestum, *carry out.*

egi, perf. of ago.

egredior, 3, dep. v. *go* or *come out, disembark.*

egregius, -a, -um, *unique, excellent, glorious.*

egressus, -us, m. *departure.*

eicio, 3, -ieci, -iectum, *cast out;* se, *rush forth.*

eiecto, 1, *cast forth, vomit forth.*

elabor, 3, -lapsus, dep. v. *glide away, escape.*

Eleusin, (-is), -inis, f. city in Attica, famous for mysteries of Ceres.

elicio, 3, *entice, lure forth.*

eligo, 3, *pick out, choose.*

eludo, 3, *baffle, evade, ridicule.*

emendo, 1, *correct, amend.*

emetior, 4, -mensus, dep. v. *measure out, traverse.*

emineo, 2, *stand out, be conspicuous.*

eminus, adv. *at* or *from a distance.*

emiror, 1, dep. v. *wonder greatly at.*

emo, 3, emi, emptum, *buy, acquire.*

emorior, 3, -mortuus, dep. v. *die, pass away.*

emoveo, 2, *remove.*

emptor, -oris, m. *a buyer.*

en, interj. *lo! see!*

enavigo, 1, *sail over.*

enim, conj. *in fact, for;* sed enim, *but indeed.*

enitor, 3, -nisus or -nixus, dep. v. *work one's way out, climb, strive.*

ensis, -is, m. *sword.*

eo, ire, ivi, itum, *go.*

eo, adv. *to that place, thither, to such a point.*

eodem, adv. *to the same place.*

Eous, -i, m. the morning star, Dawn.

Epaminondas, a statesman and general of Thebes who defeated the Spartans at Mantinea, in Arcadia, B.C. 362, and was killed at the momen of victory.

epulae, -arum, f. pl. *banquet.*

equester, -tris, -tre, *of cavalry.*

equidem, adv. *as far as I am concerned.*

equito, 1, *ride.*

Erebus, -i, m. god of darkness.

erepo, 3, -repsi, *climb;* erepsemus = erepsissemus.

ergo, adv. *therefore, then.*

Eridanus, -i, m. the river Padus (Po).

erigo, 3, -rexi, -rectum, *erect, excite.*

VOCABULARY

Erinys, -yos, f. one of the Furies.

eripio, 3, *take away, carry off by violence, rescue.*

erro, 1, *wander.*

error, -oris, m. *roaming, deception.*

erubesco, 3, -bui, *blush, respect.*

erudio, 4, *teach.*

erumpo, 3, *break out, come to light.*

eruo, 3, *root out* or *up, utterly destroy.*

Erytheis, -idis, f.adj. *Erythean.*

essedarius, -ii, m. *a fighter in a war-chariot.*

essedum, -i, n. two-wheeled British war-chariot.

etenim, conj. *and in fact, for.*

etiam, conj. *also, even.*

Etruscus, -a, -um, *Etruscan;* Etruscum mare, the Adriatic.

etsi, conj. *even if, although.*

Eumenides, -um, f. pl. *Kindly Ladies,* euphemistic name for the Furies.

Eurus, -i, m. East wind.

evado, 3, -vasi, -vasum, *go out, escape.*

evello, 3, *pluck* or *pull out.*

evenio, 4, *come out, happen.*

eventus, -us, m. *fortune, outcome.*

everto, 3, *overthrow.*

evinco, 3, *vanquish utterly, overcome.*

evocati, -orum, m. pl. *veteran soldiers again called out.*

evolvo, 3, *roll out, narrate.*

exagito, 1, *drive out, disquiet.*

exanimis, -e, and **exanimus**, -a, -um, *breathless, dead, half dead with fear.*

exanimo, 1, *deprive of life.*

exaudio, 4, *hear distinctly.*

excavo, 1, *hollow out.*

excedo, 3, *retire.*

excelsus, -a, -um, *lofty, high.*

excido, 3, *fall out* or *down, perish.*

excipio, 3, *take out, capture, receive, withstand.*

excludo, 3, *shut out, exclude, prevent.*

excursus, -us, m. *a running forth, charge.*

excutio, 3, -cussi, -cussum, *shake out, rouse.*

exeo, 4, *go out, spring up.*

exhalo, 1, *breathe forth;* vitam, *breathe one's last.*

exhaurio, 4, *empty, exhaust, drink up, bring to an end.*

exigo, 3, -egi, -actum, *drive out, demand,* (of time) *spend.*

exiguitas, -atis, f. *smallness.*

exiguus, -a, -um, *scanty, small, meagre.*

eximius, -a, -um, *select, choice.*

eximo, 3, *remove.*

existimatio, -onis, f. *opinion, reputation.*

existimo, 1, *judge, think, reckon.*

exitialis, -e, *fatal, baneful.*

exitium, -ii, n. *destruction, ruin.*

exorior, 4, -ortus, dep. v. *spring up, arise.*

exorno, 1, *equip, adorn;* aciem, *draw up.*

expedio, 4, *disengage, get ready, explain;* part. expeditus, *unencumbered;* curis expeditus, *free from care;* (milit.) *without baggage.*

expello, 3, *drive out.*

expendo, 3, *weigh out, pay,* (of penalty) *pay in full.*

experimentum, -i, m. *proof, trial.*

168

experior, 4, dep. v. *prove, experience.*

expers, -pertis, *destitute of.*

expeto, 3, *seek eagerly, desire.*

expilo, 1, *pillage.*

expleo, 2, *fill up, satisfy.*

explico, 1, *unfold, free from wrinkles.*

expono, 3, *put out, expose to view, land, state.*

exprimo, 3, -pressi, *squeeze out, represent.*

exprobro, 1, *taunt.*

expromo, 3, -prompsi, *draw or bring out, disclose.*

expugno, 1, *storm, capture.*

exsanguis, -e, *bloodless, pale.*

exsatio, 1, *glut, satiate.*

exseco, 1, -secui, -sectum, *cut out;* exsecto cornu: Sarmentus pretends that the scar on Messius' brow is the mark left by a horn which had been cut off.

exsecror, 1, *curse.*

exsequor, 3, -secutus, dep. v. *pursue.*

exsolvo, 3, *unloose, set free, lay aside.*

exspatior, 1, dep. v. *wander from the course.*

exspecto, 1, *await, expect.*

exstinguo, 3, -stinxi, *put out, quench.*

exsto, 1, *stand out, be still in existence, exist.*

exstruo, 3, -struxi, *heap up, raise.*

exta, -orum, n. pl. *internal organs of animals.*

extemplo, adv. *immediately, at once.*

extenuo, 1, *extend, weaken.*

exter and **exterus,** -a, -um, *on the outside, foreign.*

extra, adv. *on the outside;* prep. with acc. *outside of, beyond.*

extrico, 1, *free, disentangle.*

extrudo, 3, -si, *thrust* or *drive out.*

extuli, see **effero.**

exturbo, 1, *drive out, banish.*

exuo, 3, *strip, deprive of.*

exuviae, -arum, f. pl. *spoils stripped from foe, slough.*

fabrico, 1, *make, construct.*

fabula, -ae, f. *story, anecdote.*

fabulosus, -a, -um, *renowned in story.*

facies, -ei, f. *appearance, face.*

facinus, -oris, n. *bold deed* or *action.*

facio, 3, feci, factum, (pass. fio, fieri, factus), *make, do, cause;* quid Tulliola mea fiet? *what will become of?*

factio, -onis, f. *faction, cabal.*

factiosus, -a, -um, *eager for power, intriguing.*

facultas, -atis, f. *capability, opportunity, supply.*

facundia, -ae, f. *eloquence.*

falcarius, -ii, m. *scythe-maker;* inter f. *in the street of the s.*

fallax, -acis, *deceitful, treacherous.*

fallo, 3, fefelli, falsum, *deceive, disappoint.*

falx, falcis, f. *scythe, sickle.*

fames, -is, f. *hunger.*

familia, -ae, f. *slaves of a household.*

famulus, -i, m. and -a, -ae, f. *servant.*

fandus, see **for.**

far, farris, n. *corn.*

fas, n. indecl. *divine law, what is lawful.*

VOCABULARY

fastidio, 4, *dislike.*

fastidiosus, -a, -um, *hard to please, cloying.*

fastidium, -ii, n. *dislike, weariness.*

fastigium, -ii, n. *top, summit.*

fateor, 2, fassus, dep. v. *confess, acknowledge.*

fauces, -ium, f. pl. *gullet, jaws, narrow pass, chasm;* Etruriae fauces, Faesulae.

faveo, 2, favi, fautum, *favour, protect;* favere linguis, *speak words of good omen,* hence, *keep silence; applaud, cheer.*

favilla, -ae, f. *glowing ashes.*

fecundus, -a, -um, *fruitful, abounding in.*

fere and **ferme**, adv. *nearly, almost.*

ferio, 4, *strike, beat.*

fero, ferre, tuli, latum, *bear, carry, bring;* se or reflex. pass. *move, rush, relate.*

Feronia, -ae, f. ancient Italian deity, Juno.

ferramentum, -i, n. *an iron tool.*

ferreus, -a, -um, *of iron.*

ferrum, -i, n. *iron;* pl. *arms.*

ferus, -a, -um, *wild, cruel;* as subst. *wild beast.*

ferveo, 2, ferbui, *be boiling hot, glow.*

fervidus, -a, -um, *hot, glowing, surging, impetuous.*

fessus, -a, -um, *wearied.*

festinatio, -onis, f. *haste, hurry.*

festino, 1, *make haste.*

fetus, -a, -um, *teeming.*

fetus, -us, m. *young, offspring.*

fides, -ei, f. *trust, faith, allegiance.*

fiducia, -ae, f. *trust, self-confidence, assurance.*

figo, 3, fixi, *fasten,* (of steps) *plant* or *set firmly.*

filum, -i, n. *thread.*

findo, 3, fidi, fissum, *cleave, split.*

finitimus, -a, -um, *neighbouring;* as subst. *neighbours.*

fio, see **facio**.

fistula, -ae, f. *pipe, reed-pipe.*

flagitium, -ii, n. *shameful act, shame, outrage.*

flagro, 1, *blaze.*

flavesco, 3, *become gold-coloured.*

flavus, -a, -um, *golden.*

flebilis, -e, *lamentable, moving.*

flebiliter, adv. *tearfully.*

flecto, 3, flexi, flexum, *bend, turn, divert.*

fleo, 2, flevi, *weep, lament.*

fletus, -us, m. *weeping.*

floreo, 2, *be flourishing.*

fluctus, -us, m. *wave.*

foculus, -i, m. *brazier.*

focus, -i, m. *hearth.*

fodio, 3, fodi, fossum, *dig.*

foeditas, -atis, f. *foulness.*

foedo, 1, *defile, disfigure.*

foedus, -a, -um, *foul, horrible, shameful.*

foedus, -eris, n. *treaty.*

folium, -ii, n. *leaf.*

(for) fari, fatus, defect. v. *say, utter;* fandus, *that may be spoken.*

foris, -is, usu. pl. **fores**, -um, f. *gate* or *door.*

formido, -inis, f. *dread, horror.*

fornax, -acis, f. *furnace.*

fors, forte, f. (only nom. and abl. sing.), *chance, the goddess of Chance.*

forsitan, adv. *perhaps, possibly.*

forum, -i, n. *market-place.*

fovea, -ae, f. *pitfall.*

fragor, -oris, m. *noise, crash.*

frango, 3, fregi, fractum, *break in pieces, subdue.*

fraudo, 1, *cheat, defraud.*

fraus, fraudis, f. *deceit, error.*

fremitus, -us, m. *dull roaring sound.*

fremo, 3, -ui, *roar, murmur, growl.*

frenum, -i, n. *bridle.*

frequens, -ntis, *frequent, crowded.*

frequentia, -ae, f. *concourse.*

frequento, 1, *visit frequently.*

fretum, -i, n. *strait;* pl. *the sea* (poet.).

fretus, -a, -um, *depending on.*

frigus, -oris, n. *cold, cold shudder.*

frumentarius, -a, -um, *of corn;* res, *the commissariat.*

frumentor, 1, dep. v. *forage.*

frumentum, -i, n. *grain.*

fruor, frui, fructus, dep. v. with abl. *enjoy.*

frustra, adv. *in vain, without good reason.*

frustum, -i, n. *piece of food.*

frutex, -icis, m. *shrub.*

frux, frugis, usu. pl. **fruges**,-um, f. *fruits of the earth, crops.*

fucus, -i, m. *red* or *purple dye.*

fugax, -acis, *fleeting.*

fugio, 3, fugi, fugitum, *flee, run away, pass away, escape the notice of.*

fugito, 1, *flee from eagerly.*

fugo, 1, *put to flight, rout.*

fulgeo, 2,-si, *flash, gleam, shine.*

fulgur, -uris, n. *thunderbolt.*

fulmen, -inis, n. *thunderbolt.*

fulmineus, -a, -um, *flashing.*

fulvus, -a, -um, *tawny.*

fumus, -i, m. *smoke, vapour.*

funda, -ae, f. *a sling.*

Fundi, -orum, m. pl. town of Latium, 12 Roman miles from Anxur.

funditor, -oris, m. *a slinger.*

fundo, 3, fudi, fusum, *pour out, scatter, produce in abundance, rout, display.*

fundus, -i, m. *estate, farm.*

funis, -is, m. *rope.*

funus, -eris, n. *funeral, dead body, death.*

fur, furis, c. *thief.*

furca,-ae,f. *fork, pillory,* placed on the culprit's neck and his hands tied to the two ends.

furor, -oris, m. *madness.*

furtim, adv. *by stealth.*

furtum, -i, n. *theft,* pl. *stolen goods.*

fustis, -is, m. *cudgel.*

fusus, -i, m. *spindle.*

garrio, 4, *chatter.*

gelidus, -a, -um, *icy cold.*

gelum, -i, n. abl. gelu, *cold, frost.*

geminus, -a, -um, *twin.*

gemitus, -us, m. *groan, lamentation.*

gena, -ae, f. *cheek.*

gener, -eri, m. *son-in-law.*

genero, 1, *beget, breed.*

genitor, -oris, m. *father.*

genus, -eris, n. *birth, noble birth, kind, style.*

gero, 3, gessi, gestum, *wear, bear, carry on war, affairs;* res gestae, or gesta, n. pl. *exploits, events.*

Geryon, -onis, mythical king of Spain, with three bodies.

Getae, -arum, m. Thracian people on the lower Danube.

gigno, 3, genui, genitum, *bring forth, produce.*

glacialis, -e, *icy.*

VOCABULARY

glacies, -ei, f. *ice.*
glans, -ndis, f. *acorn.*
globus, -i, m. *globe, crowd of soldiers.*
glomero, 1, *gather into a mass, assemble.*
gloriola, -ae, f. *small glory.*
glorior, 1, dep. v. *boast.*
Gnatia, -ae, f. town on coast of Apulia.
Gracchus, Gaius, followed his brother, Tiberius, in trying to obtain reforms. He aimed at benefiting the plebeians and the commercial class; he was killed 121 B.C.; his ancestor (avo) was Scipio Africanus.
gradior, gradi, gressus, dep. v. *walk, go.*
gramen, -inis, n. *grass.*
granum, -i, n. *grain, seed.*
grassor, 1, dep. v. *go or prowl about, attack.*
grates, f. pl. *thanks.*
gratia, -ae, f. *esteem, credit, kindness, thanks.*
Gratiae, the three *Graces*; Aglaia, Euphrosyne and Thalia.
gratulor, 1, dep. v. *congratulate, rejoice.*
gravatus, -a, -um, *reluctant.*
gravidus, -a, -um, *teeming, heavy.*
gravis, -e, *heavy, burdensome, important.*
gravo, 1, *weigh down, burden.*
gremium, -ii, n. *lap, bosom.*
gubernator,-oris,m.*steersman.*
Gulussa, -ae, m. a son of Masinissa, king of Numidia.
gurges, -itis, m. *whirlpool, rapids, stream.*
gusto, 1, *taste, eat a little.*

gutta, -ae, f. *drop, tear.*
Gyges, -is, m. a hundred-handed giant who made war on the gods.
gymnicus, -a, -um, *gymnastic.*

habena, -ae, f. *rein.*
habitus, -us, m. *habit, dress.*
Hadria, -ae, f. *Adriatic sea.*
haedus, -i, m. *a kid.*
haereo, 2, haesi, *stick, be fixed.*
harenosus, -a, -um, *sandy.*
harundo, -inis, f. *reed.*
haruspex, -icis, m. *soothsayer.*
hastati, -orum, m. pl. *pikemen,* first line of Roman army in battle order.
hastile, -is, n. *spear, javelin.*
haud, adv. *not at all, by no means.*
haurio, 4, hausi, haustum, *draw up, consume.*
haustus, -us, m. *a drinking, draught.*
hebesco, 3, *grow blunt, dull.*
Hebrus, -i, m. chief river in Thrace.
Hector, -oris, m. son of Priam and Hecuba, slain by Achilles.
Hecuba, -ae, f. wife of Priam, king of Troy.
hedera, -ae, f. *ivy.*
Helice, -es, f. the Great Bear.
Henna, -ae, f. ancient city in Sicily.
herbidus, -a, -um, *grassy.*
hercle, *by Hercules.*
hereditas, -atis, f. *an inheritance.*
heres, -edis, c. *heir.*
Herodotus,-i, m.earliest Greek historian, b. 484 B.C.
heros, -ois (acc. s. -oa, acc. pl. -oas), m. *hero.*

Hesperius, -a, -um, *Western*.
hesternus, -a, -um, *of yesterday*.
heu! *alas!*
heus! *ho there!*
hibernus, -a, -um, *wintry*.
hiemo, 1, *pass the winter*.
hiems, hiemis, f. *winter*.
hinc, adv. *from here, on this side*.
hinnitus, -us, m. *neighing*.
Hippolytus, -i, m. son of Theseus; he perished through
his devotion to Diana and his
neglect of Venus.
hirsutus, -a, -um, *rough, shaggy*.
Hispanus, -a, -um, *Spanish*.
hodie, adv. *to-day*.
hodiernus, -a, -um, *of this day*.
honorifice, adv. *in an honour-
able manner*.
horrendus, -a, -um, *dreadful*.
horreo, 2, intr. *bristle;* tr.
shudder at.
horresco, 3, *shudder*.
horridus, -a, -um, *shaggy,
bristling*.
hortor, 1, dep. v. *encourage,
exhort, urge*.
hospes, -itis, m. and hospita,
-ae, f. *a host, hostess, stranger*.
hospitium, -ii, n. *hospitality,
lodging, inn*.
hosticus, -a, -um, *of an enemy*.
hostilis, -e, *hostile*.
huc, adv. *to this place, hither*.
humanitas, -atis, f. *human
nature, kindness, politeness*.
humilis, -e, *low-lying, humble*.
humilitas, -atis, f. *lowness*.
humus, -i, f. *the earth, ground*.
huncine, strengthened form of
hunc, with interrogative
particle.
Hydaspes, -is, m. tributary of
the Indus.
hydrus, -i, m. *water-serpent*.

Hymenaeus, -i, m. god of
Marriage; *nuptial song*.
Hyperboreus, -a, -um, *Hyper-
borean*, extreme north.
Hyrtacides, -ae, m. *son of
Hyrtacus*, i.e. Nisus.

(ico), icere, ici, ictum, defect.
v. *strike*, (of treaty) *make*.
ictus, -us, m. *a blow*.
Ida, -ae, f. mountain range
near Troy.
idcirco, adv. *for that reason*.
idoneus, -a, -um, *suitable*.
igitur, adv. and conj. *therefore*.
ignavia, -ae, f. *laziness, want
of spirit*.
ignavus, -a, -um, *lazy,
cowardly*.
ignobilitas, -atis, f. *low birth;*
with reference to Jugurtha:
his mother was not the queen.
ignosco, 3, -novi, -notum, *pardon*.
ignotus, -a, -um, *unknown;*
subst. *a stranger*.
ilia, -ium, n. *the groin, flank*.
ilex, -icis, f. *holm-oak*.
illabor, 3, -lapsus, dep. v. *slip*
or *glide into*.
illac, adv. *on that side, there*.
illatus, part. of infero.
illic, adv. *yonder*.
illicio, 3, -lexi, *allure, entice*.
illo, adv. *to that place, thither*.
illustro, 1, *light up, render
famous*.
imbellis, -e, *unwarlike, feeble*.
imber, -bris, m. *rain*.
imitor, 1, dep. v. *imitate*.
immanis, -e, *huge, enormous*.
immemor, -oris, *forgetful,
heedless*.
immeritus, -a, -um, *unde-
serving*.

173

immineo, 2, *overhang, threaten.*
imminuo, 3, *impair.*
immiserabilis, -e, *unpitied.*
immitis, -e, *harsh, ruthless.*
immitto, 3, -misi, *send into, discharge at.*
immo, adv. *on the contrary;* immo vero, *much more.*
impastus, -a, -um, *unfed, famished.*
impedimentum, -i, n. *hindrance;* pl. *baggage.*
impedio, 4, *hamper, obstruct, hinder.*
impello, 3, -puli, *drive or push on, urge on, instigate.*
impendo, 3, *expend, devote.*
impensus, -a, -um, *great, urgent.*
imperito, 1, *rule, lord it over.*
imperitus, -a, -um, *inexperienced in.*
imperium, -ii, n. *command, authority, supreme power.*
impero, 1, *order, levy.*
impertio, 4, *share with, bestow.*
impetro, 1, *accomplish, obtain by request.*
impetus, -us, m. *attack.*
impiger, -gra, -grum, *active, energetic.*
improbitas, -atis, f. *wickedness, dishonesty, desperate recklessness.*
improbus, -a, -um, *excessive, wicked, obstinate.*
improvisus, -a, -um, *unexpected;* ex improviso, *unexpectedly.*
imprudentia, -ae, f. *want of foresight, ignorance.*
imus, -a, -um, *the lowest, last.*
inamabilis, -e, *hateful.*
inanis, -e, *empty, carefree, lifeless.*

incalesco, 3, *grow hot, glow.*
incautus, -a, -um, *unwary, off one's guard.*
incedo, 3, -cessi, *go, march, happen.*
incendium, -ii, n. *fire, destruction.*
incendo, 3, *set on fire, inflame.*
inceptum, -i, n. *beginning, undertaking.*
incessus, -us, m. *walking, gait.*
incestus, -a, -um, *sinful, criminal.*
incido, 3, *fall into, fall in with.*
incipio, 3, *begin, undertake.*
incito, 1, *urge on.*
inclino, 1, tr. and intr. *bend, incline.*
inclitus, -a, -um, *renowned, famous.*
includo, 3, *shut in.*
incognitus, -a, -um, *unknown.*
incolumis, -e, *safe.*
incomitatus, -a, -um, *unaccompanied.*
incommodum, -i, n. *inconvenience, disaster, loss.*
inconsultus, -a, -um, *unadvised, indiscreet.*
incrementum, -i, n. *growth, progeny, offspring.*
increpo, 1, -ui, *make a rattling sound, upbraid;* quicquid increpuerit, *whatever is noised abroad,* i.e. *at the slightest rumour.*
incultus, -a, -um, *uncultivated, rough.*
incumbo, 3, -cubui, *lay oneself upon, incline upon, overhang.*
incustoditus, -a, -um, *unguarded.*
inde, adv. *from that place, thence.*

indicium, -ii, n. *information, evidence, proof.*

indico, 1, *point out, give evidence against.*

indico, 3, -dixi, *declare publicly, announce.*

indignor, 1, dep. v. *resent.*

indo, 3, -didi, *put upon, give.*

indolesco, 3, *begin to feel pain* or *grief.*

indomitus, -a, -um, *untamed, invincible.*

induco, 3, -duxi, *lead in, draw over as covering.*

induo, 3, *put on.*

industria, -ae, f. *diligence;* de in., *on purpose.*

industrie, adv. *diligently, zealously.*

ineluctabilis, -e, *not to be struggled against, unavoidable.*

ineo, 4, *enter, undertake, begin.*

inermis, -e, *unarmed.*

iners, -ertis, *inactive, spiritless, cowardly.*

inertia, -ae, f. *inactivity, idleness.*

infamia, -ae, f. *ill-fame, disgrace.*

infamis, -e, *infamous.*

infandus, -a, -um, *unutterable.*

infectus, -a, -um, *not done.*

infelix, -icis, *barren, unhappy, unlucky.*

infensus, -a, -um, *hostile, enraged.*

inferiae, -arum, f. pl. *funeral offerings.*

infernus, -a, -um, *of the Lower World.*

infero, -ferre, -tuli, illatum, *bring* or *carry in;* se, *hasten to.*

inferus, -a, -um, *lower;* subst.

the inhabitants of the Lower World, the dead.

infestus, -a, -um, pass. *beset with danger;* act. *hostile, destructive, ready for battle.*

inficio, 3, *stain, dye.*

infidus, -a, -um, *not to be trusted.*

infimus, -a, -um, *lowest.*

infindo, 3, -fidi, *cut* or *cleave in;* sulcos, *plough up.*

infitior, 1, dep. v. *deny, disown.*

inflammo, 1, *kindle, inflame, excite.*

inflo, 1, *puff up.*

infra, adv. and prep. with acc. *below, beneath.*

infringo, 3, -fregi, *break in pieces, shatter, weaken.*

infundo, 3, -fudi, *pour into* or *upon.*

ingenium, -ii, n. *nature, character;* pro in., *in accordance with his character.*

ingero, 3, -gessi, *put upon, heap.*

ingredior, 3, -gressus, dep. v. *go into, begin, proceed.*

ingruo, 3, *break into, assail.*

inhibeo, 2, *restrain.*

inhio, 1, *gape.*

iniquitas, -atis, f. *unevenness.*

iniquus, -a, -um, *uneven, unfair, unfavourable, spiteful.*

initium, -ii, n. *beginning;* adv. abl. initio, *in the beginning.*

iniuria, -ae, f. *wrong, injustice;* adv. abl. *unjustly, without good reason.*

iniussus, -us, m. only in abl. sing. *without command.*

inlacrimabilis, -e, *unwept, pitiless.*

inlino, 3, -levi, *smear over, anoint.*

VOCABULARY

innitor, 3, -nisus or -nixus, dep.
v. *lean* or *rest upon.*
innuptus, -a, -um, *unmarried.*
inops, -opis, adj. *without re-
source, destitute.*
inquam, defect. v. *say.*
inquino, 1, *befoul.*
inquiro, 3, -quisivi, *seek after,
inquire.*
insero, 3, *put into.*
insidiae, -arum, f. pl. *ambush,
stratagem.*
insidiator, -oris, m. *assailant.*
insidior, 1, dep. v. *lie in ambush, in wait.*
insigne, -is, n. *decoration;* pl.
- *uniform.*
insignis, -e, *striking, distinguished.*
insilio, 4, *leap upon.*
insimulo, 1, *charge, tax with.*
insinuo, 1, *work in;* se, *work
one's way in.*
insisto, 3, -stiti, *stand* or *tread
upon, stand still.*
insolens, -ntis, *unaccustomed
to, arrogant.*
insolentia, -ae, f. *novelty, in-
solence.*
insono, 1, -sonui, *resound.*
inspicio, 3, -spexi, *look into* or
at.
instans, -ntis, *present, threatening.*
instar, n. indecl. *likeness, form.*
instituo, 3, *set up, begin, draw
up, instruct.*
institutum, -i, n. *arrangement,
plan.*
insto, 1, -stiti, *stand in* or *upon,
approach, insist, pursue,
urge on a work.*
instruo, 3, -struxi, *build upon,
draw up in battle array,
plan, instruct.*

Insubres, -ium, *Insubrians,* a
people of Cisalpine Gaul.
insuefactus, -a, -um, *trained.*
insuesco, 3, -suevi, *grow accustomed, form habit.*
insuetus, -a, -um, *unaccustomed.*
intaminatus, -a, -um, *unsullied.*
integer, -gra, -grum, *whole, un-
impaired, fresh,* (of character)
blameless; de integro, *again.*
integro, 1, *restore, renew.*
intellego, 3, -lexi, *perceive, understand.*
intemptatus, -a, -um, *un-
touched.*
intendo, 3, *stretch out, encircle;* animum, *direct one's
thoughts* or *attention to.*
intento, 1, *stretch out threateningly towards.*
intentus, -a, -um, *bent, strained,
eager;* intento exercitu, *with
his army on the alert.*
intercedo, 3, -cessi, *go* or *come
between, intervene.*
intercludo, 3, *shut* or *cut off.*
intercurso, 1, *run between
frequently.*
interdiu, adv. *during the day.*
interdum, adv. *sometimes.*
intereo, 4, *perish, be slain.*
interficio, 3, -feci, *kill, slay.*
interfusus, -a, -um, *flowing
between.*
intericio, 3, -ieci, *throw* or *place
between.*
interim, adv. *meanwhile.*
interitus, -us, m. *destruction,
ruin.*
intermitto, 3, -misi, *omit,
neglect.*
interpello, 1, *interrupt.*
interrumpo, 3, -rupi, *break
asunder, divide.*

176

intersum, -esse, -fui, *be* or *lie between, be different, be present at;* interest, *it makes a difference, is of importance.*

interverto, 3, *embezzle.*

intestinus, -a, -um, *internal, domestic, civil.*

intexo, 3, -xui, *interweave, interlace.*

intimus, -a, -um, *inmost, furthest, deepest.*

intono, 1, -ui, *thunder.*

intonsus, -a, -um, *unshaven.*

intorqueo, 2, -torsi, -tortum, *turn round, hurl spear.*

intremo, 3, *tremble.*

intueor, 2, -tuitus, dep. v. *look at.*

intuli, see **infero.**

intus, adv. *within, indoors.*

inultus, -a, -um, *unavenged.*

inuro, 3, -ussi, *burn into, brand.*

inusitatus, -a, -um, *unusual.*

invalidus, -a, -um, *weak, feeble.*

invenio, 4, -veni, *find.*

inverto, 3, *turn upside down, pervert.*

invicem, adv. *in turn.*

invideo, 2, *envy.*

invidia, -ae, f. *envy, unpopularity.*

invidus, -a, -um, *envious, hostile;* subst. *an ill-wisher.*

invigilo, 1, *watch* or *be without sleep over.*

inviolatus, -a, -um, *unhurt, inviolate.*

invisus, -a, -um, *hated, hateful.*

invitus, -a, -um, *unwilling.*

involucrum, -i, n. *wrapper, covering.*

involvo, 3, *wrap up.*

irrito, 1, *provoke, stir up.*

irritus, (inr-), -a, -um, *useless, ineffectual.*

istuc, adv. *thither.*

ita, adv. *so, thus.*

item, adv. *likewise.*

Iulus, -i, m. son of Aeneas.

Ixionius, -a, -um, *belonging to Ixion,* whom Jupiter as a punishment bound to a perpetually revolving wheel.

iaceo, 2, -cui, *to lie.*

iacio, 3, ieci, iactum, *throw, hurl.*

iacto, 1, *hurl, fling out, blast;* se, *flaunt oneself, carry oneself confidently.*

iaculor, 1, dep. v. *throw the javelin, throw, hurl.*

iaculum, -i, n. *dart, javelin.*

iam, adv. *now, already.*

iamdudum, adv. *long since;* usually with present and imperf. tenses, representing English perf. and pluperf.

iampridem, adv. *long ago.*

Ianiculum, -i, n. one of the hills of Rome.

ianua, -ae, f. *door.*

iecur, iecoris, n. *the liver, the seat of the passions, heart* or *breast.*

ieiunium, -ii, n. *a fast.*

ieiunus, -a, -um, *fasting.*

iocor, 1, dep. v. *jest.*

iocus, -i, m. *joke, mirth.*

iuba, -ae, f. *mane, crest.*

Iuba, -ae, m. a king of Numidia.

iubeo, 2, iussi, iussum, *order, command.*

iucundus, -a, -um, *pleasant.*

Iudaeus, -i, m. *a Jew.*

iudex, -icis, m. *judge;* iudicem fero, *propose as a judge.*

iugulum, -i, n. *throat.*

iugum, -i, n. *yoke, mountain ridge.*

iumentum,-i,n.*beast of burden.*
iungo, 3, iunxi, iunctum, *join together.*
Iuppiter, Iovis, m. *Jupiter* or *Jove,* the chief god amongst the Romans; sub Iove, *in the open air;* malus I., *a gloomy sky.*
iurgium, -ii, n. *dispute.*
iuro, I, *take an oath, swear.*
ius, iuris, n. *right, justice, court of justice.*
iustus, -a, -um, *just, fair;* n. pl. *rights, due ceremonies.*
iuventa, -ae, f. *youth.*
iuvo, I, iuvi, iutum, *help, aid, please.*

labo, I, *stagger.*
labor, 3, lapsus, dep. v. *glide, slip, glide away.*
laboro, I, *labour, toil, be in danger, distress.*
Lacedaemonius, -a, -um, *Spartan.*
lacer, -era, -erum, *torn, mangled.*
lacerna, -ae, f. *cloak with hood.*
lacero, I, *tear, mangle.*
lacertus, -i, m. *the arm.*
lacesso, 3, -ivi, *provoke, challenge.*
lacrimosus, -a, -um, *tearful, causing tears, lamentable.*
Laeca, M. Porcius, one of Catiline's fellow-conspirators.
laetitia, -ae, f. *joy, gladness.*
laetor, I, dep. v. *feel joy, rejoice.*
laetus, -a, -um, *joyful, glad.*
laevus, -a, -um, *on the left side, left, ill-omened, unlucky.*
lambo, 3, lambi, *lick, wash, flicker about.*
lana, -ae, f. *wool.*

lancea, -ae, f. *lance.*
languesco, 3, *droop.*
languidus, -a, -um, *weak, sluggish.*
laniger, -eri, m. *sheep, lamb.*
lanio, I, *tear in pieces, mangle.*
Laocoon, -ontis, m. son of Priam, priest of Apollo.
lapidosus,-a,-um, *stony, gritty.*
lapis, -idis, m. *stone, rock.*
lapso, I, *stumble.*
lapsus, -us, m. *a falling, running.*
laqueus,-i, m.*noose, hangman's halter.*
Lares,-um and -ium, m.*tutelary deities of the house, home.*
largior, 4, dep. v. *give lavishly, bribe.*
largus, -a, -um, *abundant, lavish.*
Larissa, -ae, f. city in Thessaly.
Larissaeus, -a, -um, *of Larissa.*
larva, -ae, f. *a mask.*
lascivus,-a,-um,*sportive, playful.*
lassitudo, -inis, f. *weariness.*
lassus, -a, -um, *weary, languid.*
late, adv. *widely, far and wide.*
latebrae, -arum, f. pl. *hiding place, lair.*
lateo, 2, *lie hid;* pres. part. latens, -ntis, *hidden, secret.*
Latonia, -ae, f. Diana.
latro, -onis, m. *robber,* (poet.) *hunter.*
latrocinium, -ii, n. *brigandage, a band of robbers.*
latus, -eris, n. *side,* (of orators) *lungs, flank of army, region.*
lavo, I, *wash, bathe.*
laxo, I, *loosen, relax.*
laxus, -a, -um, *wide, loose.*
lea, -ae, f. *lioness.*

Lebynthos, -i, f. island in the Aegean, one of the Sporades.

lectio, -onis, f. *selection, reading.*

lector, -oris, m. *reader.*

lectulus, -i, m. *small bed* or *couch.*

legatus, -i, m. *envoy, lieutenant.*

lego, 3, legi, lectum, *gather, cull, sail by, choose, read.*

lenio, 4, *make soft, soothe.*

lenis, -e, *gentle.*

lenitas, -atis, f. *mildness.*

Lentulus, (1) Lucius, consul 49 B.C. with C. Marcellus, (2) P. Cornelius Lentulus Sura, most notable man in Catiline's party.

lentus, -a, -um, *flexible, sluggish, slow.*

lepus, -oris, m. *a hare.*

Lethaeus, -a, -um, *of Lethe,* the river in the Lower World, the waters of which caused forgetfulness.

letum, -i, n. *death, Death* (personified).

levo, 1, *raise, lighten, alleviate.*

libellus, -i, m. *little book.*

liberi, -orum, m. pl. *children.*

libertinus, -i, m. *a freedman,* with reference to class.

libertus, -i, m. *a freedman,* with reference to his former master.

libet, 2, usu. impers. *it pleases.*

Libo, -onis, m. Pompey's admiral; he tried to obtain a truce from Caesar.

libra, -ae, f. Roman pound.

libro, 1, *poise.*

licentia, -ae, f. *freedom, license.*

licet, 2, -cuit, *it is lawful, allowed.*

lictor, -oris, m. *lictor,* official

attendant on Roman magistrates.

lignum, -i, n. *wood;* pl. *firewood.*

ligo, 1, *tie, bind.*

limen, -inis, n. *threshold, house.*

limes, -itis, m. *boundary, road.*

limus, -i, m. *slime, mud.*

linquo, 3, liqui, *leave, depart from, give up.*

linter, -tris, f. *skiff.*

linum, -i, n. *flax;* linum incidere, *cut the string* tied round a letter.

Linus, -i, m. son of Apollo and instructor of Orpheus.

lippus, -a, -um, *having sore eyes.*

liquesco, 3, *become fluid.*

lis, litis, f. *strife, quarrel, lawsuit.*

litus, -oris, n. *sea-shore.*

loco, 1, *place.*

locus, -i, m. (pl. loci or n. loca), *a place, position.*

longaevus, -a, -um, *aged.*

loquax, -acis, *talkative, babbling.*

loquor, 3, locutus, dep. v. *speak, say, talk.*

lorum, -i, n. *thong, bridle, reins.*

lubricus, -a, -um, *slippery.*

luceo, 2, luxi, *be light, shine.*

Luceria, -ae, f. ancient city of Apulia.

Lucerinus, -a, -um, *Lucerian.*

lucidus, -a, -um, *bright, clear.*

Lucifer, -eri, m. *the morning-star,* (poet.) *daybreak.*

Lucina, -ae, f. goddess of Childbirth.

lucrum, -i, n. *gain, advantage.*

luctatio, -onis, f. *struggle.*

luctus, -us, m. *sorrow, grief.*

lucus, -i, m. *a wood, grove.*

ludibrium, -ii, n. *a mockery.*

ludifico, 1, *make sport of, baffle.*
ludo, 3, lusi, lusum, *play.*
ludus, -i, m. *game;* pl. ludi, *public games.*
lugeo, 2, luxi, luctum, *mourn.*
lumbus, -i, m. *the loin.*
lumen, -inis, n. *light, the eye.*
luo, 3, *pay, discharge, atone for.*
lupus, -i, m. *a wolf.*
lustro, 1, *cleanse, survey, view.*
lusus, -us, m. *play, game.*
lutum, -i, n. *yellow colour.*
lympha, -ae, f. *water, water-nymph.*
Lysippus, -i, m. the only brass-worker whom Alexander the Great permitted to make a statue of him.

macer, -cra, -crum, *lean.*
machinator, -oris, m. *engineer, contriver.*
machinor, 1, dep. v. *contrive, scheme.*
macies, -ei, f. *leanness.*
macte, exclamation with or without este, esto, *hail!, bravo!*
macto, 1, *sacrifice.*
madeo, 2, *be wet, drip.*
madidus, -a, -um, *drenched, wet.*
Maecenas, -atis, m. one of the chief ministers of Augustus.
Maenas, -adis, f. *a Bacchante.*
maereo, 2, *lament, grieve.*
maeror, -oris, m. *grief, sorrow.*
maestitia, -ae, f. *sadness.*
maestus, -a, -um, *sad, sorrowful.*
magnanimus, -a, -um, *great-souled.*
magnitudo, -inis, f. *size, greatness.*
magnopere, adv. *greatly, very much.*

Maharbal, -alis, m. one of Hannibal's cavalry officers.
maiores, -um, m. pl. *forefathers, ancestors.*
maleficus, -a, -um, *wicked.*
malignus, -a, -um, *spiteful, niggardly.*
malo, malle, malui, *prefer.*
malus, -a, -um, *evil, bad, roguish.*
Mamurrarum urbs, Formiae; Mamurra, a wealthy friend of Julius Caesar, was born here.
mandatum, -i, n. *order, commission.*
mando, 1, *commission, command, assign.*
mando, 3, *eat, devour.*
mane, adv. *in the morning.*
Manes, -ium, m. pl. *souls of the dead.*
manipularis, -is, m. *member of a maniple, private.*
manipulus, -i, m. *company of soldiers.*
mano, 1, *trickle.*
mansuesco, 3, -suevi, tr. *tame,* intr. *grow tame* or *softened.*
manubrium, -ii, n. *handle.*
manus, -us, f. *hand, band, force of soldiers.*
mapalia, -ium, n. pl. *African huts* (a Punic word).
maritimus, -a, -um, *belonging to the sea.*
maritus, -i, m. *husband.*
Marius, C., 157–86 B.C., conquered Jugurtha and was seven times consul.
marmoreus, -a, -um, *of marble, like marble.*
Mars, -tis, m. god of War, father of Romulus; *warfare.*
Marsus, -i, m. one of the Marsians, a warlike race of central Italy.

materia, -ae, f. *material, timber.*
maturus, -a, -um, *ripe, early.*
Maurus, -a, -um, *Moorish.*
Mavortius, -a, -um, *of* or *sacred to Mars.*
maxime, adv. *especially, exceedingly.*
medicamen, -inis, n. *drug.*
medico, 1, *dye.*
mediocris, -e, *moderate, of moderate ability.*
mehercule, *by Hercules.*
mel, mellis, n. *honey.*
melilotus, -i, m. *a kind of clover.*
memini, -isse, defect. v. *remember.*
memoro, 1, *call to remembrance, recount.*
Menapii, -orum, m. pl. people of Gallia Belgica.
mentior, 4, dep. v. intr. *lie*, tr. *assert falsely.*
mercator, -oris, m. *trader.*
merces, -edis, f. *wages, reward, bribe.*
mercor, 1, dep. v. *trade.*
mereo, 2, *deserve, earn*, (milit. with or without stipendia), *earn pay, serve as a soldier.*
mergo, 3, -si, *plunge.*
meridies, -ei, m. *midday, noon, the south.*
merum, -i, n. *unmixed wine.*
merx, mercis, f. *goods, merchandise.*
messis, -is, f. *harvest.*
metior, 4, mensus, dep. v. *measure, traverse.*
meto, 3, messui, *reap, cut off.*
metuo, 3, -ui, *fear.*
metus, -us, m. *fear, dread.*
mico, 1, -ui, *gleam, sparkle.*
militia, -ae, f. *warfare.*
mille, indecl. num. adj. *a thousand;* mille passus, *thousand*

paces, i.e. about a mile; subst. in pl. milia, -ium, *thousands.*
minaciter, adv. *threateningly.*
minae, -arum, f. pl. *threats.*
minitabundus, -a, -um, *threatening.*
minitor, 1, dep. v. *threaten.*
minor, 1, dep. v. *threaten.*
Minos, -ois, m. son of Zeus and Europa, a judge in the Lower World.
Minturnae, -arum, f. pl. city in Latium.
mirus, -a, -um, *wonderful, strange.*
misceo, 2, miscui, mixtum, *mix,* (poet.) *throw into confusion.*
misellus, -a, -um, *unfortunate.*
miseratio, -onis, f. *a pitying.*
misereor, 2, -eritus, dep. v. *feel pity* (usu. with gen.).
misericordia, -ae, f. *pity, mercy.*
missio, -onis, f. *a sending, termination* (ludorum).
mitesco, 3, *grow mild.*
mitigo, 1, *appease.*
mitis, -e, *mild, gentle.*
mitra, -ae, f. *coif.*
mitto, 3, misi, missum, *send, despatch.*
mobilis, -e, *movable, fickle.*
moderamen, -inis, n. *management.*
modicus, -a, -um, *middling, small.*
modo, adv. *only, moreover, but, just now;* modo...modo, *now ...now, at one time...at another time.*
modus, -i, m. *measure, way, manner;* modo with gen. or adj., *in the manner of;* nullo modo, *by no means;* eius modi, *of that* (or *such a*) *kind.*

VOCABULARY

moles, -is, f. *a huge, heavy mass, pier, mole, pile.*

molestia, -ae, f. *trouble.*

molior, 4, intr. *exert oneself, strive;* tr. *remove bodily, attempt.*

mollio, 4, *make soft.*

momentum, -i, n. *movement, importance.*

morior, 3, mortuus, *die.*

moror, 1, dep. v. *delay, linger, remain, detain.*

morosus, -a, -um, *peevish, fretful.*

morsus, -us, m. *a bite.*

morum, -i, n. *mulberry, blackberry.*

mos, moris, m. *manner, custom;* pl. *morals.*

motus, -us, m. *movement.*

mox, adv. *soon, thereupon.*

mucro, -onis, m. *edge, sword.*

mugio, 4, *low, bellow, groan.*

mugitus, -us, m. *a bellowing.*

mula, -ae, f. *she-mule.*

mulceo, 2, -si, *soothe, appease.*

multiplex, -icis, *manifold.*

mulus, -i, m. *mule.*

Mulvius pons, a bridge across the Tiber.

munditia, -ae, f. *neatness, simple elegance.*

mundus, -a, -um, *clean, elegant.*

mundus, -i, m. *the world.*

munimentum, -i, n. *defence, fortification.*

munitio, -onis, f. *fortification.*

munus, -eris, n. *duty, gift.*

munusculum, -i, n. *small present.*

Murena, -ae, m. brother-in-law of Maecenas.

murex, -icis, m. *purple dye,* extracted from a shell-fish.

mutatio, -onis, f. *a changing.*

mutilus, -a, -um, *mutilated.*

Mycenae, -arum, f. city in Argolis, of which Agamemnon was king.

Mygdonides, -ae, m. *son of Mygdon,* i.e. Coroebus.

myrica, -ae, f. *the tamarisk.*

Myrmidones, -um. m. pl. *the Myrmidons,* a people of Thessaly ruled by Achilles.

myrtetum, -i, n. *myrtle grove.*

mysta, -ae, m. priest of the mysteries of Ceres.

nactus, see **nanciscor.**

Naevianus, -a, -um, *of Naevius,* an ancient Roman poet; Hector N., *Hector in the play by Naevius.*

Naias, -adis, f. *water-nymph, Naiad.*

nanciscor, 3, nactus, *get, obtain.*

nascor, 3, natus, dep. v. *be born, spring from.*

nato, 1, *swim;* (of eyes) *swim, be dazed.*

nauticus, -a, -um, *belonging to ships.*

navis, -is, f. *ship;* n. longa, *war-ship;* n. oneraria, *transport.*

naviter, adv. *diligently, completely.*

nebula, -ae, f. *mist.*

necessario, adv. *unavoidably.*

necessarius, -a, -um, *inevitable;* subst. *a relative, friend.*

necesse, n. adj. indecl. *unavoidable, necessary.*

neco, 1, *slay.*

necto, 3, nexui and nexi, *bind, fasten, entwine;* causas, *invent.*

nefandus, -a, -um, *impious, abominable.*

182

nefarius, -a, -um, *impious, abominable.*

nefas, n. indecl. *anything contrary to divine law, a sin;* as interj. *O horrible!*

neglego, 3, *neglect, slight.*

nego, 1, *say no, deny.*

nemus, -oris, n. *wood, grove.*

neo, 2, nevi, *spin.*

nepos, -otis, m. *grandson, descendant.*

Neptunus, -i, m. god of the sea.

nequaquam, adv. *by no means, not at all.*

nequeo, 4, *be unable.*

nequiquam, nequicquam, adv. *in vain, to no purpose.*

nequitia, -ae, f. *idleness, negligence, profligacy.*

nescio, 4, *not know;* nescio quis, *someone or other.*

nescius, -a, -um, *ignorant of.*

neve or **neu,** adv. *and not, nor.*

nex, necis, f. *murder, slaughter.*

ni, conj. =nisi, *if not.*

nimius, -a, -um, adj. and **nimium,** adv. *too great, too much.*

nisus, -us, m. *labour, effort.*

niteo, 2, *shine, glitter, look beautiful.*

nitidus, -a, -um, *shining, polished.*

nitor, 3, nisus or nixus, *rest upon, press forward, strive.*

nivalis, -e, *snowy.*

nix, nivis, f. *snow.*

no, 1, *swim,* (poet.) *sail.*

nobilis, -e, *famous, high-born.*

noceo, 2, (with dat.) *harm.*

noctu, adv. *by night.*

nodus, -i, m. *knot.*

nolo, nolle, nolui, *wish not, be unwilling.*

nondum, adv. *not yet.*

norim = noverim.

noscito, 1, *recognise.*

nosco, 3, novi, notum, *get to know;* perf. *know.*

nosse = novisse.

noto, 1, *mark.*

Notus, -i, m. *south wind.*

novies, adv. *nine times.*

novissime, adv. *at last.*

novo, 1, *change, alter.*

noxa, -ae, f. *injury, crime.*

noxius, -a, -um, *hurtful, guilty.*

nudo, 1, *strip, draw* (sword).

nugae, -arum, f. pl. *jokes, trifles.*

Numantinus, -a, -um, *of Numantia,* the most important fortress in Hispania Tarraconensis, besieged and captured by Scipio Africanus, 133 B.C.

numen, -inis, n. *divine will, power, deity.*

numerus, -i, m. *number, musical measure, harmony.*

Numidae, -arum, m. *Numidians,* a people of North Africa.

nuntio, 1, *announce.*

nuper, adv. *lately, recently.*

nurus, -us, f. *daughter-in-law, bride.*

nuto, 1, *nod the head, sway to and fro.*

nutrix, -icis, f. *nurse.*

nutus, -us, m. *nod.*

nux, nucis, f. *nut.*

obex, -icis, c. *barrier.*

obiaceo, 2, *lie in the way before.*

obicio, 3, -ieci, *throw in the way of, offer, present, expose, taunt.*

obiecto, 1, *expose.*

oblatus, part. of offero.

obliviscor, 3, -litus, *forget* (gen.

183

of person, gen. or acc. of thing).

obnoxius, -a, -um, *guilty, subservient.*

obnubo, 3, -psi, *to cover.*

oborior, 4, -ortus, *appear.*

obruo, 2, -ui, *overthrow, cover over, bury.*

obscuro, 1, *obscure, conceal.*

observans, -ntis, *attentive, respectful.*

obses, -idis, c. *hostage.*

obsideo, 2, -edi, *blockade.*

obsidio, -onis, f. *blockade.*

obsisto, 3, -stiti, *oppose, resist.*

obstipesco, 3, -pui, *be amazed.*

obsto, 1, -stiti, *withstand, hinder.*

obstruo, 3, *pile before, render impassable.*

obstupefacio, 3, -feci, *astound.*

obtego, 3, -xi, *cover over, conceal.*

obtempero, 1, *obey* (with dat.).

obtestor, 1, dep. v. *supplicate.*

obtineo, 2, *hold, occupy.*

obtrunco, 1, *slay.*

obverto, 3, -ti, *turn against.*

obvius, -a, -um, *in the way, so as to meet.*

occasio, -onis, f. *opportunity.*

occasus, -us, m. *setting of sun, the west.*

occido, 3, -cidi, -cisum, *kill.*

occido, 3, -cidi, -casum, *perish, die.*

occulto, 1, *hide, conceal.*

occultus, -a,-um, *hidden, secret.*

occupatio, -onis, f. *taking possession of.*

occupo, 1, *seize, fill with, anticipate.*

occurro, 3, -curri, *meet, rush upon.*

occurso, 1, *hasten to meet, attack.*

ocior, -ius, comp. adj. *swifter, quicker.*

odi, odisse, defect. v. *hate.*

odoratus, -a, -um, *fragrant.*

Oeagrus, -i, m. a king of Thrace, father of Orpheus.

offendo, 3, -di, *strike, hit, light upon, stumble.*

offensio, -onis, f. *displeasure, offence.*

offensus, -a, -um, *offensive, odious.*

offero, -ferre, obtuli, oblatum, *offer, show.*

officio, 3, -feci, *hinder, obstruct.*

officium, -ii, n. *service, kindness, duty.*

oleaster, -stri, m. *wild olive-tree.*

oleum, -i, n. *olive-oil.*

olim, adv. *once upon a time, formerly.*

olor, oloris, m. *swan.*

omitto, 3, -misi, *abandon, give up.*

omnifer, -era, -erum, *all-sustaining.*

omnino, adv. *utterly, altogether.*

onerarius, -a, -um, *relating to transport;* navis, *merchantman.*

onero, 1, *load, burden.*

onerosus, -a, -um, *burdensome.*

opera, -ae, f. *exertion, work;* operam dare, *bestow care or attention on.*

opifex, -icis, c. *handicraftsman, artisan.*

opinio, -onis, f. *opinion, expectation.*

opinor, 1, dep. v. *suppose, believe.*

oportet, 2, -uit, impers. v. *it is necessary, it behoves.*

oppedo, 3, *insult*.
opperior, 4, dep. v. *await*.
oppeto, 3, *encounter;* mortem, *perish, die*.
oppido, adv. *very*.
oppidulum, -i, n. *small town*.
oppleo, 2, -evi, *fill, block up*.
oppono, 3, -posui, *put* or *place against, oppose, offer*.
opportunus, -a, -um, *suitable, opportune*.
opprimo, 3, -pressi, *crush, overwhelm, surprise*.
(ops), opis, f. *power, strength;* pl. opes, *wealth, resources, help*.
optabilis, -e, *desirable*.
optato, adv. *according to one's wish*.
optimates, -um and -ium, *the aristocratic party*.
opto, 1, *choose, desire*.
opus, -eris, n. *work;* opus est, *there is need of*.
ora, -ae, f. *coast*.
orbis, -is, m. *circle, the world*.
orbus, -a, -um, *bereft* (with abl.).
Orcus, -i, m. *the Lower World*.
ordino, 1, *set in order, arrange*.
ordior, 4, orsus, *begin, undertake*.
ordo, -inis, m. *proper order, rank of soldiers;* ex ordine, *in order*.
orgia, -orum, n. pl. *nocturnal festival in honour of Bacchus*.
Oricum, -i, n. important Greek town on the coast of Illyria, captured by Caesar.
Orion, -onis, m. a famous hunter transformed into a constellation.
orior, 4, ortus, *rise, be born*.
Orithyia, -ae, f. daughter of Erechtheus, king of Athens,

carried off to Thrace by Boreas.
oriundus, -a, -um, *descended from*.
ornamentum, -i, n. *equipment, ornament, distinction*.
ornatus, -us, m. *military equipment, dress*.
orno, 1, *fit out, adorn*.
ornus, -i, f. *the ash*.
Orpheus, -i, m. famous singer of Thrace, son of Oeagrus and the Muse, Calliope.
ortus, -us, m. *rising, birth*.
os, oris, n. *mouth, face, effrontery*.
os, ossis, n. *bone*.
Osci, -orum, m. pl. *the Oscans*, a primitive people of Campania, regarded as effeminate.
osculum, -i, n. *kiss*.
ostendo, 3, -di, *show, declare*.
ostento, 1, *present, point out, show*.
ostentus, -us, m. *show, pretence*.
ostium, -ii, n. *entrance, door*.
ostrum, -i, n. *purple dress*.
Othryades, -ae, m. *son of Othrys*, i.e. Panthus.
otium, -ii, n. *leisure, ease*.
ovile, -is, n. *sheep-fold*.
ovo, 1, *exult, rejoice*.

pabulum, -i, n. *food, fodder*.
paciscor, 3, pactus, dep. v. *bargain, agree, be betrothed*.
pactum, -i, n. *agreement;* adv. abl. pacto, *in a certain way*.
paene, adv. *almost, nearly*.
paenitet, 2, -uit, impers. v. *it repents me, I repent*.
pagus, -i, m. *village*.
palam, adv. *publicly, openly*.

Palatium, -ii, n. one of the seven hills of Rome, on which Augustus had his palace.

palatum, -i, n. *the palate.*

palla, -ae, f. *robe, mantle.*

pallesco, 3, -llui, *turn pale.*

palma, -ae, f. *palm of the hand, the hand.*

paludamentum, -i, n. *military cloak.*

palus, -udis, f. *swamp, marsh.*

paluster, -tris, -tre, *marshy.*

Pan, Panos, m. son of Mercury and god of woods and shepherds.

pando, 3, pandi, passum, *spread out, open;* palmis passis, *with outstretched hands.*

Pangaea, -orum, n. pl. range of mountains in Thrace.

Panthus, -i, m. priest of Apollo at Troy.

papaver, -eris, n. *poppy.*

papavereus, -a, -um, *of poppies.*

par, paris, adj. *equal.*

Parcae, -arum, f. pl. the Fates.

parco, 3, peperci, parsum, *spare* (with dat.).

pareo, 2, *appear, obey.*

paries, -etis, m. *a wall* (usu. *of house*).

pario, 3, peperi, partum, *bring forth, gain.*

pariter, adv. *equally, at the same time.*

paro, 1, *get ready, prepare.*

parochus, -i, m. *a purveyor to travelling officials.*

Paros, -i, f. one of the Cyclades.

parricidium, -ii, n. *parricide, treason.*

Parthi, -orum, m. pl. *Parthians,* people of Scythia famous as archers.

particeps, -cipis, adj. *sharing;* as subst. *a partaker, partner.*

parum, indecl. subst. n. and adv. *too little.*

parumper, adv. *for a short time.*

pasco, 3, pavi, pastum, *pasture, feed;* as dep. pascor, *eat.*

passim, adv. *in different* or *all directions.*

passus, -us, m. *step, pace.*

pastor, -oris, m. *shepherd.*

pateo, 2, *lie open, be free, be manifest.*

pater, -tris, m. *father;* pl. *forefathers, senators, patricians.*

patesco, 3, -tui, *lie open.*

patior, 3, passus, dep. v. *bear, suffer.*

patrius, -a, -um, *of a father* or *one's native country.*

patro, 1, *bring to pass, perform.*

patruus, -i, m. *uncle.*

pauci, -orum, m. pl. *few, a few.*

paucitas, -atis, f. *fewness.*

paulatim, adv. *gradually.*

paulisper, adv. *for a short time.*

paulum, -i, n. *a little;* adv. abl. paulo, *by a little, somewhat.*

paveo, 2, pavi, *be struck with fear.*

pavidus, -a, -um, *fearful, timid.*

pavimentum, -i, n. *pavement.*

pavor, -oris, m. *dread, panic.*

pectus, -oris, n. *the breast, heart.*

pecus, -oris, n. *herd, flock.*

pedester, -tris, -tre, *on foot, infantry.*

pedica, -ae, f. *fetter.*

pelagus, -i, n. *the sea.*

Pelides, -ae, m. *son of Peleus,* i.e. Achilles.

pellis, -is, f. *skin.*

pello, 3, pepuli, pulsum, *beat, strike, put to flight.*

Penates, -ium, m. pl. *Penates,* guardian deities of the home, *dwelling.*

pendeo, 2, pependi, *hang, float.*

penes, prep. with acc. *in the possession* or *power of, with.*

penetralia, -ium, n. pl. *interior of building.*

penitus, adv. *deeply, far within, utterly.*

penna (pinna), -ae, f. *feather;* pl. *wing, arrow.*

pensum, -i, n. *wool weighed out to slaves for spinning each day, duty.*

penuria, -ae, f. *dearth, scarcity, need.*

percello, 3, -culi, *overturn, dishearten.*

percipio, 3, -cepi, *obtain, receive, learn.*

percontor (percunctor), 1, dep. v. *inquire.*

percrebesco, 3, -bui, *become prevalent, spread abroad.*

perditus, -a, -um, *hopeless, desperate, abandoned.*

perduco, 3, -xi, -ctum, *lead through, prolong.*

perduellio, -onis, f. *treason.*

pereo, 4, *perish, die.*

pererro, 1, *wander through* or *over.*

perexiguus, -a, -um, *very small.*

perfero, -ferre, -tuli, -latum, *bear* or *carry through.*

perfringo, 3, -fregi, -fractum, *break through, violate.*

perfruor, 3, -fructus, dep. v. *enjoy fully.*

perfugium, -ii, n. *refuge, shelter.*

perfundo, 3, -fudi, -fusum, *pour over, drench.*

perfungor, 3, -functus, dep. v. with abl. *fulfil;* fato perfunctus, *dead.*

perfuro, 3, *rage furiously.*

Pergama, -orum, n. pl. citadel of Troy, Troy.

pergo, 3, perrexi, *continue, proceed.*

pergrandis, -e, *very large.*

perhibeo, 2, *present, say.*

periclitor, 1, dep. v. *endanger.*

periculum, -i, n. *danger.*

perimo, 3, -emi, -emptum, *destroy, slay.*

peritia, -ae, f. *knowledge, skill.*

peritus, -a, -um, *experienced, skilful.*

periurus, -a, -um, *perjured.*

perlatus, part. of perfero.

permitto, 3, -misi, *give up, entrust, permit.*

permulceo, 2, -si, *rub gently.*

pernicies, -ei, f. *destruction, ruin.*

perniciosus, -a, -um, *destructive, baleful.*

pernicitas, -atis, f. *swiftness.*

perodi, -odisse, *detest.*

perpetuus, -a, -um, *entire, unbroken.*

perplexus, -a, -um, *entangled, intricate.*

perpolio, 4, *polish, put the finishing touch to.*

Persae, -arum, m. pl. *Persians.*

persaepe, adv. *very often.*

persolvo, 3, -solvi, *pay.*

perspicio, 3, -spexi, *examine, observe.*

perstringo, 3, -nxi, -strictum, *graze against, stun.*

persuadeo, 2, -si, *persuade* (dat. of person).

pertimesco, 3, -mui, *fear greatly.*

pertinax, -acis, adj. *tenacious, stubborn.*

pertineo, 2, *extend, concern, pertain to.*

pertingo, 3, *reach* or *extend to.*

perturbatio, -onis, f. *confusion.*

perturbo, 1, *throw into confusion.*

pervagor, 1, dep. v. *wander through, extend, be widely spread.*

pervenio, 4, -veni, *arrive at, reach.*

pervigilo, 1, *remain awake all night.*

pestis, -is, f. *plague, destruction.*

peto, 3, -ivi or -ii, -itum, *seek, demand, ask.*

petulans, -ntis, adj. *pert, saucy.*

phalerae, -arum, f. pl. *metal bosses, trappings.*

pharetra, -ae, f. *quiver.*

phaselus, -i, c. *a light boat, skiff.*

Philomela, -ae, f. daughter of Pandion, sister of Procne; changed into a nightingale.

Phlegon, -onis, m. *Flame.*

phoca, -ae, f. *seal.*

Phocii, -orum, m. pl. *Phocians,* a people of Northern Greece.

Phoebus, -i, m. Apollo, the sun-god, hence the Sun.

Phryges, -um, m. *Phrygians,* a people of Asia Minor.

piaculum, -i, n. *punishment.*

piceus, -a, -um, *pitch-black.*

piger, -gra, -grum, *slow, indolent, unfruitful.*

pignus, -oris and -eris, n. *pledge, proof.*

pigritia, -ae, f. *sluggishness.*

pila, -ae, f. *a pillar, a ball.*

pilum, -i, n. *javelin.*

pilus, -i, m. a division of the triarii in the Roman army; usu. with primus, the first century of the triarii.

pingo, 3, -nxi, -ctum, *paint, colour.*

pinna, see **penna.**

pinus, -us and -i, f. *pine-tree, ship.*

Pirithous, -i, m. son of Ixion, king of the Lapithae, and friend of Theseus with whom he went down into the Lower World and attempted to carry off Persephone; but they were bound to a rock by Pluto. Theseus was rescued by Hercules, but Pirithous was compelled to remain a prisoner.

piscosus, -a, -um, *abounding in fish.*

Piso, Calpurnius, married Cicero's daughter, Tullia.

pius, -a, -um, *dutiful, pious, patriotic.*

placeo, 2, *please.*

placo, 1, *quiet, pacify, propitiate.*

plaga, -ae, f. *hunting-net, snare.*

plane, adv. *clearly, entirely.*

plango, 3, -nxi, *strike, beat.*

plangor, -oris, m. *beating breast in grief, lamentation.*

planities, -ei, f. *plain.*

planta, -ae, f. *sprout, sole of foot.*

planus, -a, -um, *level;* planum, -i, n. *a plain.*

plaustrum, -i, n. *wagon.*

plebs, plebis, f. *the common people, plebeians.*

plenus, -a, -um, *full.*

plerique, -aeque, -aque, *the greater part, most.*
plerumque, adv. *mostly, frequently.*
Plotius, -ii, m. a literary friend of Vergil ; to him and Varius, Vergil bequeathed his works to be edited after his death.
plusculus, -a, -um, *somewhat more.*
Pluto, -onis, m. king of the Lower World.
pluvia, -ae, f. *rain.*
pluvialis, -e, *rainy.*
poculum, -i, n. *goblet, cup.*
podagra, -ae, f. *gout.*
Poeni, -orum, m. *the Carthaginians;* they were descended from the Phoenicians.
Polites, -ae, m. a son of Priam.
polleo, 2, *be strong, powerful.*
pollex, -icis, m. *thumb, finger.*
polliceor, 2, -itus, dep. v. *promise.*
pollicitor, 1, dep. v. *promise.*
Pollux, -ucis, m. brother of Castor ; a constellation.
polus, -i, m. *pole, the heavens.*
Polybius, -ii, m. famous Greek historian, died about 122 B.C.
pomerium, -ii, n. *open space left free from buildings inside and outside a town.*
pomifer, -era, -erum, *fruit-bearing.*
Pompeianus, -a, -um, *of Pompey.*
Pomptinus, -i, m. a legatus of Cicero.
pone, adv. *after, behind;* prep. with acc. *behind.*
pono, 3, posui, positum, *put, place, dismiss.*
pontifex, -icis, m. *high priest, pontiff.*

pontus, -i, m. *the sea.*
poples, -itis, m. *the thigh.*
populares, -ium, m. pl. *the people's party, subjects.*
populatio, -onis, f. *ravaging.*
populeus, -a, -um, *of poplars.*
populor, 1, dep. v. *lay waste, ruin.*
porrigo, 3, -rexi, *stretch* or *spread out, extend.*
porro, adv. *onward, moreover.*
portentum, -i, n. *omen, portent.*
porticus, -us, f. *colonnade, porch.*
portitor, -oris, m. *ferryman;* p. Orci, Charon.
portus, -us, m. *harbour.*
posco, 3, poposci, *demand, request.*
possideo, 2, -sedi, *be master of, possess.*
possum, posse, potui, *be able.*
post, adv. *behind, afterwards;* prep. with acc. *behind, after.*
postea, adv. *after this, afterwards.*
posteaquam, conj. *after that.*
(posterus), postera, posterum, *following;* in posterum, *in future, for the future.*
postis, -is, m. *door-post, door* (usu. pl.)
postmodo, adv. *afterwards, presently.*
postquam, conj. *after, when.*
postridie, adv. *on the following day.*
postulo, 1, *ask, demand.*
potens, -ntis, adj. *able, powerful.*
potestas, -atis, f. *ability, authority, opportunity.*
potior, 4, dep. v. *become master of, take possession of* (with gen. or abl.).

189

VOCABULARY

potis, pote, adj. *capable;* comp. potior, *preferable, better;* potius, comp. adv. *rather;* potissimum, *chiefly, above all.*

prae, prep. with abl. *before, in front of, compared with.*

praealtus, -a, -um, *very deep.*

praebeo, 2, *offer, present, give.*

praecedo, 3, -cessi, *go before, lead the way.*

praeceps, -cipitis, adj. *headlong, precipitous.*

praeceptum, -i, n. *maxim, order.*

praecingo, 3, -nxi, -nctum, *gird.*

praecipio, 3, -cepi, *take beforehand, anticipate, advise.*

praecipito, 1, *hurl down, be eager to, hasten down, sink rapidly.*

praecipue, adv. *chiefly, especially.*

praecludo, 3, -si, *shut off, hinder.*

praeco, -onis, m. *crier, herald.*

praeconium, -ii, n. *a proclaiming in public, laudation.*

praecordia, -iorum, n. pl. *heart.*

praedator, -oris, m. *plunderer.*

praedico, 1, *proclaim, say, praise.*

praedico, 3, -xi, -ctum, *foretell, warn.*

praedium, -ii, n. *farm, estate.*

praedo, -onis, m. *plunderer.*

praefectura, -ae, f. *prefecture;* an Italian city governed by a Roman praefectus.

praefectus, -i, m. *overseer, officer.*

praeficio, 3, -feci, *place in command of.*

praemitto, 3, -misi, *send forward.*

praemium, -ii, n. *reward, decoration.*

Praeneste, -is, n. ancient town in Latium.

praesagus, -a, -um, *foreboding.*

praesepe, -is, n. *stable.*

praesertim, adv. *especially.*

praesidium, -ii, n. *protection, help, garrison.*

praestans, -ntis, adj. *superior, excellent, pre-eminent.*

praesto, adv. *ready, at hand.*

praesto, 1, -stiti, -statum, *fulfil, discharge, maintain, show.*

praestruo, 3, -xi, -ctum, *build up in front, block up.*

praeter, adv. *except;* prep. with acc. *beyond, except.*

praeterea, adv. *besides, moreover, henceforward.*

praetereo, 4, *pass by, not mention.*

praetergredior, 3, -gressus, dep. v. *march by.*

praetermitto, 3, -misi, *let go by, neglect.*

praeterquam, adv. *besides, except.*

praetor, -oris, m. *a praetor,* Roman magistrate.

praetorium, -ii, n. *general's tent.*

praetorius, -a, -um, *praetorian;* porta, *gate of camp near the general's tent, facing the enemy.*

praetura, -ae, f. *praetorship.*

prandeo, 2, -di, *eat;* part. pransus, active meaning, *having breakfasted.*

prandium, -ii, n. *breakfast* or *dinner.*

pratum, -i, n. *meadow.*

preces, -um, f. pl. *prayer, entreaty.*

precor, 1, dep. v. *pray, beseech.*
prehendo, 3, -di, *lay hold of, seize, clasp.*
premo, 3, pressi, *press, conceal, burden.*
prenso, 1, *grasp, lay hold of.*
presso, 1, *press.*
Priamus, -i, m. king of Troy.
princeps, -ipis, m. *the first, chief;* pl. principes, second line of Roman army, between hastati and triarii.
principium, -ii, n. *beginning;* pl. *vanguard.*
prior, -us, comp. adj. *former, superior.*
priscus, -a, -um, *old, ancient.*
pristinus, -a, -um, *former, original.*
privo, 1, *bereave, deprive of.*
probatus, -a, -um, *approved of, excellent.*
probo, 1, *test, consider good, approve of.*
probrosus, -a, -um, *infamous, ignominious.*
procax, -acis, adj. *bold, shameless.*
procedo, 3, -cessi, *proceed, elapse, succeed.*
procella, -ae, f. *storm, charge, onset.*
procer, -eris, m. usu. pl. proceres, *chiefs, nobles.*
proclivis, -e, *sloping, steep, downhill.*
procul, adv. *at a distance, afar off.*
procumbo, 3, -cubui, *lean forwards, fall to the ground.*
procuratio, -onis, f. *management, control.*
procurro, 3, -cucurri, -cursum, *rush forwards.*
Procyon, -onis, m. a constella-

tion that rises *before the dog-star.*
prodeo, 4, *go* or *come forth, advance.*
proditio, -onis, f. *treachery.*
proditor, -oris, m. *traitor.*
prodo, 3, -didi, *bring forth, report, betray.*
produco, 3, -xi, -ctum, *lead forward, prolong.*
profectio, -onis, f. *departure.*
profecto, adv. *actually, undoubtedly.*
profero, -ferre, -tuli, -latum, *carry* or *bring out.*
proficiscor, 3, -fectus, *set out, start, proceed.*
profiteor, 2, -fessus, dep. v. *declare publicly;* indicium, *give evidence.*
proflo, 1, *breathe out.*
profugus, -i, m. *a fugitive, exile.*
profundo, 3, -fudi, *pour forth;* se, *rush forth.*
progenies, -ei, f. *offspring.*
progredior, 3, -gressus, dep. v. *come, go, advance, proceed.*
prohibeo, 2, *hinder, prevent.*
proicio, 3, -ieci, *throw forth* or *down.*
proinde, adv. *just so, equally, even.*
prolabor, 3, -lapsus, dep. v. *slip forward, fall down.*
prolecto, 1, *allure, entice.*
proles, -is, f. *offspring, child.*
proluo, 3. -lui, *wet, moisten.*
pronuntio, 1, *announce, report.*
pronus, -a, -um, *prone, bending forwards, inclined downwards.*
prooemium, -ii, n. *preface.*
propago, -inis, f. *offspring, child.*

VOCABULARY

prope, adv. *near;* comp. propius; sup. proxime.

propello, 3, -puli, *urge downwards;* hostes, *drive back.*

properantius, adv. *more hastily, with too great haste.*

properatio, -onis, f. *haste.*

propere, adv. *speedily.*

propero, 1, *accelerate, hasten.*

propinquo, 1, *draw near.*

propinquus, -a, -um, *near, kindred.*

propior, -ius, gen. -oris, comp. adj. *nearer;* proximus, -a, -um, *nearest, the previous.*

propitius, -a, -um, *gracious, propitious.*

proprius, -a, -um, *one's own, particular, personal.*

propter, prep. with acc. *on account of.*

propulso, 1, *drive off, defend oneself.*

prorsus, adv. *certainly, in short.*

proruo, 3, -rui, *overturn.*

prosequor, 3, -secutus, dep. v. *follow after, pursue.*

Proserpina, -ae, f. daughter of Ceres and wife of Pluto.

prosilio, 4, -ui, *leap forth, spring up.*

prospectus, -us, m. *distant view.*

prospicio, 3, -exi, -ectum, *look out, watch.*

prosterno, 3, -stravi, -stratum, *throw to ground, destroy.*

protero, 3, -trivi, *drive away, crush.*

protinus, adv. *forthwith, immediately.*

proturbo, 1, *drive forwards.*

proveho, 3, -xi, -ctum, *carry forwards;* usu. reflex. pass. *sail forwards,* etc.

provenio, 4, -veni, *come forth, grow up.*

provideo, 2, -vidi, *provide, see* or *know beforehand.*

providus, -a, -um, *foreseeing.*

provoco, 1, *call forth;* intr. *appeal.*

provolo, 1, *fly* or *dash out.*

prudens, -ntis, *foreseeing, sagacious.*

pruina, -ae, f. *hoar-frost.*

pubes, -is, f. *youth, men.*

pudendus, -a, -um, *of which one should be ashamed.*

pudicus, -a, -um, *modest.*

pudor, -oris, m. *shame, modesty, disgrace.*

pulchritudo, -inis, f. *beauty.*

pulmentarium, -ii, n. *a relish, food.*

pulvis, -eris, m. *dust.*

punicum, -i, n. (sc. malum), *pomegranate.*

Punicus, -a, -um, *Carthaginian.*

puppis, -is, f. *stern of ship, ship.*

purgo, 1, *cleanse, clear.*

purpureus, -a, -um, *purple, bright.*

pusillus, -a, -um, *very little, insignificant.*

puto, 1, *consider, think.*

putrefacio, 3, -feci, *make rotten, soften.*

Pyroeis, *Blaze.*

pyropus, -i, m. *gold bronze.*

Pyrrhus, -i, m. Neoptolemus, son of Achilles; also a king of Epirus who invaded Italy, 280 B.C.

qua, adv. *where, anywhere.*

quacumque, adv. *wherever, in whatever way.*

quadratus, -a, -um, *square;* saxum, *hewn stone.*

quadrimus, -a, -um, *four years old.*

quaero, 3, -sivi, *seek, ask.*

quaeso, 3, -ivi, *beg, pray.*

quaestio, -onis, f. *inquiry, investigation.*

qualis, -e, *of what sort or kind, of such a sort or kind.*

quamdiu, adv. *as long as, how long.*

quamquam, conj. *although.*

quamvis, conj. *although* (usu. with subjunc.).

quantuluscumque, adj. *however small.*

quare, adv. *wherefore, why.*

quasi, adv. *as if, as it were.*

quemadmodum, adv. *in what manner, how.*

queo, 4, -ivi, *be able, can.*

querimonia, -ae, f. *complaint.*

queror, 3, questus, dep. v. *complain, lament.*

questus, -us, m. *complaint.*

qui, quae, quod, rel. pron. *who, which, what;* adv. *how.*

quia, conj. *because.*

quicumque, quaecumque, quodcumque, rel. pron. *whoever, whatever.*

quidam, quaedam, quoddam, indef. pron. *a certain, somebody, something.*

quidem, adv. *indeed;* ne...quidem, *not...even.*

quiesco, 3, -evi, *rest, keep quiet.*

quin, conj. *that not, but that* (after a negative and followed by subjunc.); after words expressing doubt, *but that,* non est dubium quin, *there is no doubt but that.*

quinam, quaenam, quodnam, interrog. pron. *who pray?* etc.

quinquennium, -ii, n. *period of five years.*

quippe, adv. and conj. *certainly;* (ironical) *forsooth;* with rel. qui, *since I,* etc.

Quirites, -ium, m. *citizens.*

quisnam, quaenam, quidnam, interrog. pron. *who which* or *what pray?*

quisquam, quaequam, quicquam or quidquam, indef. pron. *any, anyone, anything.*

quisque, quaeque, quodque, indef. pron. *each, everyone.*

quivis, quaevis, quodvis, indef. pron. *who* or *what you please, any one* or *thing whatever.*

quo, adv. *whither.*

quoad, adv. *as long as, until.*

quolibet, adv. *whither it pleases.*

quomodo, adv. *in what manner, how.*

quondam, adv. *once, formerly.*

quoniam, adv. *since, because.*

quoque, conj. *also, too.*

quotidianus, -a, -um, see cotid-.

quotiens, (-ies), adv. *how often, as often as.*

quotquot, indecl. adj. *as many as;* quotquot eunt dies, *daily.*

quousque, adv. *how long?*

rabies, -em, -e, f. defect. *rage, fury;* ventris, *ravenous hunger.*

radio, 1, *gleam.*

radius, -ii, m. *spoke of wheel, beam, ray.*

radix, -icis, f. *root, foot of hill.*

ramus, -i, m. *branch, bough.*

rana, -ae, f. *frog.*

rapio, 3, rapui, *seize, hurry.*

raptim, adv. *hastily, suddenly.*

rapto, 1, *carry off, hurry away.*

raptor, -oris, m. *a robber;* as adj. in appos. *plundering.*

rastrum, -i, n. (usu. pl.), *rake.*

ratio, -onis, f. *reckoning, account, matter, consideration, procedure, method, theory.*

ratis, -is, f. *raft;* (poet.) *bark.*

raucus, -a, -um, *hoarse, deep-sounding.*

Reatinus, -a, -um, *of Reate,* a Sabine town.

recedo, 3, -cessi, *fall back, retire, stand back.*

receptus, -us, m. *retreat, means of retreat.*

recessus, -us, m. *retreat.*

recipio, 3, -cepi, *receive, accept;* se, *withdraw, retreat.*

recludo, 3, -si, *throw open, disclose;* caelum alicui, *open the gate of heaven to.*

recondo, 3, -didi, *put back again, hide.*

recordatio, -onis, f. *recollection.*

recordor, I, dep. v. *call to mind.*

recreo, I, *refresh, revive.*

rectus, -a, -um, *straight, upright;* recta (sc. via), *by a straight road.*

recumbo, 3, -cubui, *lie down, fall* or *sink down.*

recupero, I, *regain, recover.*

recusatio, -onis, f. *refusal, objection.*

recuso, I, *refuse.*

recutio, 3, *cause to rebound;* utero recusso, *caused to reverberate.*

reda, -ae, f. *four-wheeled travelling carriage.*

reddo, 3, -didi, *give back, restore, answer, produce, cause to be.*

redigo, 3, -egi, -actum, *drive* or *bring back.*

redimo, 3, -emi, -emptum, *buy back, ransom.*

redintegro, I, *renew.*

reditus, -us, m. *return.*

redux, -ucis, adj. *that brings back, that is brought back, returned.*

refero, -ferre, rettuli, relatum, *carry, bring* or *give back;* gratiam, *show gratitude;* pedem, *retreat; reproduce, relate, answer.*

reficio, 3, -feci, *remake, rebuild, refresh.*

refugio, 3, -fugi, *run away, escape, recoil.*

refulgeo, 2, -si, *flash back, glitter.*

regalis, -e, *kingly, princely.*

regia, -ae, f. *royal palace.*

regius, -a, -um, *royal.*

regulus, -i, m. *prince, chieftain.*

Regulus, -i, m. M. Atilius, the consul, taken prisoner by the Carthaginians in the first Punic war.

reicio, 3, -ieci, *throw* or *cast back, reject.*

religio, -onis, f. *piety, religious scruple, conscientiousness.*

religo, I, *bind back, fasten.*

relinquo, 3, -liqui, -lictum, *leave behind.*

reliquus, -a, -um, *remaining.*

reluceo, 2, -xi, *glow, shine.*

remaneo, 2, -mansi, *remain.*

remeo, I, *return.*

remigro, I, *go back.*

remissus, -a, -um, *slack.*

remitto, 3, -misi, *let go, loosen.*

remoror, I, dep. v. *hold back.*

remus, -i, m. *oar.*

renovo, I, *renew, revive.*

reor, reri, ratus, dep. v. *think, suppose.*

repagula, -orum, n. pl. *bars of door.*

repello, 3, reppuli, repulsum, *push back, repulse.*

rependo, 3, -di, -sum, *ransom.*

repens, -ntis, adj. *sudden;* adv. repens and repente, *suddenly.*

repentinus, -a, -um, *sudden, unexpected.*

repercutio, 3, -cussi, *re-echo;* (of light) *reflect.*

reperio, 4, repperi, repertum, *find, meet with, perceive.*

repeto, 3, -ivi, *seek again, recommence, demand back.*

repo, 3, -psi, *creep, crawl.*

repono, 3, -posui, *place* or *put back, renew.*

reprehendo, 3, -di, -sum, *hold back, blame.*

reprehenso, 1, *detain from time to time.*

reprimo, 3, -pressi, *check, restrain.*

repulsa, -ae, f. *rejection in seeking office, refusal.*

reputo, 1, *compute, think over.*

requiesco, 3, -evi, *rest, repose.*

requiro, 3, -quisivi, *search for, ask* or *enquire after.*

res, rei, f. *a thing, matter, circumstance;* res novae, *revolution.*

rescindo, 3, -scidi, -scissum, *cut* or *break off* or *down, annul.*

resigno, 1, *reveal, give back, resign.*

resisto, 3, -stiti, *stand still, stop, oppose.*

respicio, 3, -exi, -ectum, *look back.*

restinguo, 3, -nxi, -nctum, *extinguish.*

restituo, 3, -ui, *restore, reform, rally.*

resto, 1, -stiti, *resist, oppose, remain.*

restringo, 3, -inxi, -ictum, *bind back* or *fast.*

retendo, 3, -di, *unbend, unstring bow.*

reticeo, 2, *keep silence.*

retinaculum, -i, n. *halter, rope.*

retineo, 2, *hold back, restrain, maintain.*

retorqueo, 2, -si, -tum, *twist* or *bend back.*

retro, adv. *backwards, past.*

rettuli, perf. of refero.

reus, -i, m. *defendant, prisoner.*

revello, 3, -velli, -vulsum, *pluck* or *tear away.*

revertor, 3, -versus, dep. v. *return.*

revivisco, 3, -vixi, *come to life again, revive.*

revocamen, -inis, n. *recall.*

revolvo, 3, *roll back, repeat, retrace.*

Rhesus, -i, m. a Thracian prince killed at Troy.

rhetor, -oris, m. *rhetorician.*

Rhipaei montes, mountain range in north of Scythia.

Rhodopeius, -a, -um, *of Rhodope*, a mountain range in Thrace.

rideo, 2, -si, *laugh, laugh at.*

rima, -ae, f. *crack.*

risus, -us, m. *laugh.*

rite, adv. *duly, rightly.*

ritus, -us, m. *custom;* abl. ritu, *after the manner of, like.*

rivus, -i, m. *brook.*

robur, -oris, n. *oak, the Trojan horse, the strongest part, flower of soldiery.*

robustus, -a, -um *hardy.*

VOCABULARY

rogo, I, *ask.*
rogus, -i, m. *funeral pile.*
roscidus, -a, -um, *wet with dew.*
rota, -ae, f. *a wheel.*
roto, I, *whirl, brandish.*
rubeo, 2, *be red, ruddy.*
rubeta, -orum, n. pl. *bramble-thickets.*
Rubi, -orum, m. pl. town in Apulia.
rudis, -e, *rough, untrained, unskilled.*
ruga, -ae, f. *wrinkle.*
rugosus, -a, -um, *wrinkled.*
rumpo, 3, rupi, *break, burst.*
ruo, 3, *fall, tumble down, rush.*
rursus, adv. *again.*
rus, ruris, n. *the country, farm.*
rutilus, -a, -um, *red, golden yellow.*

S.D., salutem dicit, the usual form of greeting in a letter.
sabbata, -orum, n. pl. *the Sabbath,* any Jewish holiday.
Sabellus, -a, -um, *Sabine.*
saeculum, -i, n. *lifetime, century.*
saepio, 4, -psi, *hedge in, enclose.*
saetosus, -a, -um, *bristly.*
saevio, 4, *rage.*
saevitia, -ae, f. *fierceness, cruelty.*
saevus, -a, -um, *savage, fierce, cruel.*
sal, salis, m. *salt.*
salignus, -a, -um, *of willow-wood.*
salsus, -a, -um, *salted, witty.*
saltem, adv. *at least.*
salto, I, *dance;* Cyclopa, *dance the Cyclops' dance.*
saltus, -us, m. *leap, spring, ravine, defile.*
salum, -i, n. *the sea* (poet.).

saluto, I, *greet, pay one's respects to;* clients and friends used to pay a morning call to prominent men in Rome.
Samos, -i, f. island on coast of Asia Minor; it had a famous temple of Hera (Juno).
sandyx, -icis, f. *vermilion.*
sane, adv. *indeed, truly.*
sanguineus, -a, -um, *blood-stained, blood-coloured.*
sanguis, -inis, m. *blood.*
sanies, -em, -e, f. defect. *corrupted blood, venomous slaver of serpent.*
sano, I, *cure, restore to health.*
sarcina, -ae, f. *bundle;* usu. pl. *baggage.*
Sarmentus, a freedman of Maecenas who had got him a position as a clerk.
sata, -orum, n. pl. *standing corn, crops.*
satelles, -itis, c. *an attendant on a king, accomplice.*
satio, I, *satisfy.*
satis (sat), indecl. adj. or subst. and adv. *enough, sufficient, moderately.*
Saturnalia, -orum, n. pl. *festival in honour of Saturn,* beginning Dec. 17.
Saturninus, L., a violent demagogue, ally of Marius; but owing to his unscrupulous conduct the Senate ordered Marius to suppress him by force and he was killed by the mob in a riot.
Saturnius, -a, -um, *of Saturn,* a mythical king of Latium who brought agriculture and civilisation to his people and during whose reign was the Golden Age.

satus, -i, m. *son*, with abl. (lit. *begotten by*).

saucio, 1, *wound*.

saucius, -a, -um, *wounded*.

saxum, -i, n. *a rock*.

scando, 3, *climb*.

scapha, -ae, f. *light boat, skiff*.

sceleratus, -a, -um, *impious, wicked*.

scelestus, -a, -um, *wicked, accursed*.

scilicet, adv. *evidently;* (ironical) *doubtless, forsooth*.

scindo, 3, scidi, scissum, *tear, separate*.

Scipio, Q. Caecilius Metellus Pius, father-in-law of Pompey, commanded the centre of Pompeian army at battle of Pharsalus; P. Scipio Nasica, led the Senate against Tiberius Gracchus who was murdered in the Forum, 133 B.C.

sciscitor, 1, dep. v. *question*.

scopulus, -i, m. *cliff, crag*.

scorpio, -onis (poet. scorpius, -i), m. *scorpion; the Scorpion as sign of the Zodiac*.

scriba, -ae, m. *clerk*.

scrutor, 1, dep. v. *search thoroughly*.

scurra, -ae, m. *buffoon, jester*.

scutati, -orum, m. pl. *troops armed with shields*.

Scyrius, -a, -um, *of Scyros*, an island in the Aegean.

secerno, 3, -crevi, *sever, separate*.

secludo, 3, -si, *separate*.

seco, 1, -cui, -ctum, *cut, cut off*.

secum for cum se.

secundum, prep. with acc. *after, in accordance with*.

secundus, -a, -um, *second;*

secundae (sc. partes), *second* or *inferior parts;* (of wind, etc.) *favourable*.

securis, -is, f. *axe, supreme authority* (with reference to axe in fasces).

securus, -a, -um, *free from care, tranquil, secure*.

secus, adv. *otherwise, differently*.

sedeo, 2, sedi, sessum, *sit, remain encamped*.

seditio, -onis, f. *mutiny, sedition*.

sedo, 1, *calm, check*.

sedulitas, -atis, f. *zeal, eagerness*.

sedulus, -a, -um, *diligent, officious*.

seges, -etis, f. *corn-field, crop*.

segnities, -em, -e, f. defect. *slowness, sluggishness*.

segrego, 1, *separate*.

seiungo, 3, -nxi, *separate, divide*.

semel, adv. *once*.

semita, -ae, f. *narrow path*.

sempiternus, -a, -um, *everlasting*.

senatusconsultum, -i, n. *decree of the Senate*.

senecta, -ae and senectus, -utis, f. *old age*.

senilis, -e, *aged*.

sensus, -us, m. *sense, feeling*.

sententia, -ae, f. *way of thinking, opinion,* (of words) *meaning*.

sentio, 4, -si, *feel, hear, see, perceive*.

sentis, -is, m. *thorn, bramble*.

sepelio, 4, *bury*.

septentriones, -um, m. pl. seven stars near the North Pole, the Wain or Great Bear, the North.

sequor, 3, secutus, dep. v. *follow, pursue*.

197

VOCABULARY

Seres, -um, m. pl. *Chinese.*

sermo, -onis, m. *talk, discourse.*

sero, 3, sevi, satum, *sow, plant.*

serta, -orum, n. pl. *garlands.*

serus, -a, -um, *late.*

servo, 1, *preserve, keep.*

setius, adv. *otherwise;* non (haud) setius, *none the less.*

setosus, -a, -um, *bristly.*

sibilus, -a, -um, *hissing, whistling.*

Sibyllinus, -a, -um, *Sibylline.*

sic, adv. *so, thus, to such a degree.*

sica, -ae, f. *dagger.*

siccus, -a, -um, *dry, rainless.*

Siculus, -a, -um and **Sicelis,** f. adj. *Sicilian.*

sicut or **sicuti,** adv. *so, just as, as.*

Sigeus, -a, -um, *of Sigeum,* a promontory in Troas.

significo, 1, *show, indicate.*

signo, 1, *mark, seal, adorn.*

signum, -i, n. *sign, military standard, seal, constellation.*

sileo, 2, *be silent.*

Silvanus, -i, m. *god of woods.*

silvosus, -a, -um, *woody.*

similis, -e, *like, similar.*

simul, adv. *at the same time.*

simulac, simulatque, *as soon as.*

simulacrum, -i, n. *image, portrait, phantom.*

simulo, 1, *imitate, feign.*

sin, conj. *if however, but if.*

sine, prep. with abl. *without.*

singularis, -e, *one by one.*

singulto, 1, *rattle* (in throat of dying).

singultus, -us, m. *choking gasp.*

sinister, -tra, -trum, *on the left.*

sino, 3, sivi, *suffer, allow.*

Sinuessa, -ae, f. Latin colony in Campania, 18 miles from Formiae.

sinuo, 1, *wind, curve.*

sinus, -us, m. *curve, fold, bosom, bay.*

sisto, 3, stiti, tr. *place, stop;* intr. *stand.*

Sisyphus, -i, m. son of Aeolus; for his misdeeds, he was condemned to roll uphill a stone which constantly rolled back again.

sitis, -is, f. *thirst.*

situs, -a, -um, *placed, lying, buried;* situm, *depend upon.*

smaragdus, -i, c. *emerald.*

socer, -eri, m. *father-in-law.*

socialis, -e, *allied, of marriage.*

societas, -atis, f. *fellowship, alliance.*

sodes, *if you please.*

soleo, 2, -itus, semi-dep. v. *be accustomed.*

solium, -ii, n. *throne.*

sollemnis, -e, *established, solemn, usual.*

sollertia, -ae, f. *skill, shrewdness.*

sollicitatio, -onis, f. *inciting, instigation.*

sollicito, 1, *agitate, rouse, incite.*

sollicitus, -a, -um, *troubled, anxious.*

solor, 1, dep. v. *console, ease.*

solum, -i, n. *soil, land.*

solvo, 3, solvi, solutum, *loosen, separate;* navem, *weigh anchor, unmoor.*

sono, 1, -ui, -itum, intr. *resound;* tr. *sound.*

sonus, -i, m. *noise, sound.*

soporifer, -era, -erum, *sleepbringing.*

Soracte, -is, n. mountain in Etruria.

sororius, -a, -um, *of a sister*.
sors, -tis, f. *a lot, oracular response, destiny*.
sortior, 4, dep. v. *appoint by lot, select*.
sospes, -itis, *safe, happy*.
spargo, 3, sparsi, *scatter, besprinkle*.
Spartiates, -is, m. *a Spartan*.
species, -ei, f. *appearance*.
spectatus, -a, -um, *tested, esteemed*.
specto, 1, *look at, watch*.
speculatorius, -a, -um, *of spies or scouts, spy-*.
speculor, 1, *watch, observe*.
spelunca, -ae, f. *cave, den*.
sperno, 3, sprevi, *despise, scorn*.
spiceus, -a, -um, *of ears of corn*.
spiculum, -i, n. *arrow, javelin*.
spira, -ae, f. *coil*.
spiro, 1, *breathe, blow*.
splendidus, -a, -um, *bright, shining, splendid*.
spolio, 1, *strip, plunder, despoil*.
sponsa, -ae, f. *betrothed woman*.
sponsus, -i, m. *betrothed, bridegroom*.
sponte, f. (abl. of obsol. spons), *of free will*.
spumeus, -a, -um, *foaming, frothy*.
spumo, 1, *foam, froth*.
squalidus, -a, -um, *filthy, squalid*.
squameus, -a, -um, *scaly*.
stabilis, -e, *firm, steady*.
stabulum, -i, n. *stall, stable*.
stagnum, -i, n. *pool*.
statim, adv. *immediately*.
statio, -onis, f. *post, station*.
Statius, -ii, m. a slave belonging to Cicero's brother.
stativa, -orum, n. pl. (sc. castra), *stationary camp*.

Stator, -oris, m. *Supporter* (epithet of Jupiter).
statuo, 3, *place, determine, come to a decision*.
sterno, 3, stravi, *stretch out, spread level, prostrate*.
sterto, 3, *snore*.
stipendium, -ii, n. *soldier's pay*.
stipes, -itis, m. *log*, (poet.) *a tree*.
stirps, stirpis, f. *root of plants, shrub, family*.
stomachus, -i, m. *stomach, irritation, vexation*.
strepitus, -us, m. *din, noise*.
strepo, 3, -ui, *shout*.
strideo, 2, -di and **strido**, 3, *hiss, whizz*.
stringo, 3, -inxi, -ictum, *draw tight;* gladium, *draw*.
strues, -is, f. *pile*.
struo, 3, -xi, -ctum, *pile up, build*.
Strymon, -onis, m. river between Macedonia and Thrace.
studeo, 2, *be eager, strive after*.
studiosus, -a, -um, *eager, fond* or *studious of*.
studium, -ii, n. *zeal, eagerness, desire*.
stulte, adv. *foolishly*.
stupeo, 2, intr. *be amazed;* tr. *wonder at*.
stuppeus, -a, -um, *of tow*.
Stygius, -a, -um, *Stygian, infernal*.
Styx, -ygis, f. *river of Hate*, in the Lower World.
suavis, -e, *sweet, delightful;* adv. suave (poet.) and suaviter, *sweetly, pleasantly, nicely*.
suavitas, -atis, f. *pleasantness*.
subdo, 3, -didi, *put under, apply*.

VOCABULARY

subduco, 3, -xi, *draw up, haul up.*

subeo, 4, intr. *come* or *go under, come up, come into the mind;* tr. *approach, undergo.*

subicio, 3, -ieci, *throw* or *place under, expose to the risk of.*

subiectus, -a, -um, *lying under* or *near.*

subigo, 3, -egi, -actum, *overcome, conquer.*

subito, adv. *suddenly.*

subitus, -a, -um, *sudden, unexpected.*

sublatus, see tollo, suffero.

sublicius, -a, -um, *resting on piles;* pons, wooden bridge over the Tiber.

sublimis, -e, *uplifted, exalted.*

subluo, 3, *wash the foot of.*

sublustris, -e, *glimmering.*

subministro, 1, *supply.*

submoveo, 2, -movi (plup. submosses, Hor.), *drive off.*

suboles, -is, f. *offspring.*

subpono, 3, -posui, *place* or *set under.*

subrusticus, -a, -um, *bashful.*

subseco, 1, -cui, *cut away.*

subsellium, -ii, n. *seat, bench.*

subsequor, 3, -secutus, dep. v. *follow close after.*

subsidium, -ii, n. *support, aid.*

subsido, 3, -sedi, -sessum, *sit* or *settle down.*

subsum, -esse, *be under, be at hand, approach.*

subvenio, 4, -veni, *come to one's assistance, aid.*

succedo, 3, -cessi, *go under, take the place of.*

succendo, 3, -di, -sum, *set on fire.*

succido, 3, -cidi, *cut off* or *down.*

succumbo, 3, -cubui, *fall down, surrender.*

succurro, 3, -curri, -cursum, *hasten to the help of, come into the mind.*

succutio, 3, -cussi, *fling aloft.*

succus, -i, m. *sap, flavour.*

sudo, 1, intr. *sweat;* tr. *exude.*

sudor, -oris, m. *sweat, moisture.*

suffero, -ferre, sustuli, sublatum, *undergo, hold.*

sufficio, 3, -feci, *imbue, tinge.*

sulcus, -i, m. *furrow.*

Sulla, -ae, m. P., nephew of the Dictator, commanded the right wing at the battle of Pharsalus.

summa, -ae, f. *the main thing;* rerum, *state of affairs, the total.*

sumo, 3, -mpsi, *take, put on.*

sumptus, -us, m. *expense.*

suopte = suo.

superincidens, -entis, part. *falling on one from above.*

superior, -ius, comp. adj. *higher, upper, former, preceding.*

superne, adv. *from above.*

supero, 1, *overcome, go over, surmount, conquer.*

supersum, -esse, *be over, remain.*

supinus, -a, -um, *lying on the back.*

suppedito, 1, *supply, afford.*

suppeto, 3, -ivi, *be at hand, forthcoming.*

supplex, -icis, adj. *suppliant.*

supplicatio, -onis, f. *a public prayer, supplication.*

supplicium, -ii, n. *humble entreaty, punishment.*

supra, adv. *above, before.*

supremus, -a, -um, *highest, last*

200

VOCABULARY

latest; mons (poet.), *the top of the mountain.*

surgo, 3, surrexi, tr. *lift up;* intr. *rise.*

surrexe=surrexisse.

suscipio, 3, -cepi, *undertake, enter upon.*

suspendo, 3, -di, -sum, *hang up, dedicate.*

suspicio, 3, -spexi, *look up at.*

suspicor, 1, dep. v. *mistrust, suspect.*

suspirium, -ii, n. *sigh.*

suspiro, 1, *heave a sigh.*

sustento, 1, *support, sustain.*

sustineo, 2, *sustain, withstand.*

sustuli, see **tollo, suffero.**

susurrus, -us, m. *murmuring, whispering.*

Syriacus, -a, -um, *Syrian.*

Syrtis, -is, f. *a sandbank,* esp. pl. *the Syrtes,* two sandbanks and gulfs on north coast of Africa.

tabella, -ae, f. *writing-tablet, votive tablet,* hung up in temple; pl. *writing, a letter.*

tabernaculum, -i, n. *tent.*

tabes, -is, f. *wasting away, slush.*

tabidus, -a, -um, *melting.*

tabula, -ae, f. *letter, votive tablet;* it was the custom to hang up in the temple of Neptune as a symbol of gratitude a tablet representing escape from drowning.

taciturnitas, -atis, f. *silence.*

taciturnus, -a, -um, *silent, noiseless.*

tacitus, -a, -um, *silent.*

taedium, -ii, n. *weariness, disgust.*

Taenarius, -a, -um, *of Tae-*

narus, a town and promontory in Laconia; near it was an entrance to the Lower World.

taeter, -tra, -trum, *foul, hideous, abominable.*

talis, -e, *such, of such a kind.*

talus, -i, m. *the ankle, heel.*

tamen, conj. *still, yet, however.*

tametsi, conj. *although, notwithstanding that.*

Tanais, -is, m. the river *Don.*

tandem, adv. *at last, at length;* (in interrog. clauses) *pray.*

tango, 3, tetigi, tactum, *touch.*

tantulus, -a, -um, *so small.*

tantum, adv. *so much, only.*

tantummodo, adv. *only, merely.*

tantus, -a, -um, *so great.*

tapete, -is, n. *carpet, coverlet.*

tarde, adv. *slowly.*

tardus, -a, -um, *slow, sluggish.*

Tarentum, -i, n. Greek city on west coast of Calabria, now Taranto.

Tartara, -orum, n. pl. *the infernal regions, Tartarus.*

tectum, -i, n. *a roof, house.*

Tegeaeus, -a, -um, *of Tegea, Arcadian.*

tego, 3, texi, tectum, *cover, protect.*

Telegonus, -i, m. son of Ulysses and Circe; he killed his father without knowing him and was said to have founded Tusculum; Telegoni iuga are the hills around Tusculum.

tellus, -uris, f. (poet.) *earth, land.*

telum, -i, n. *missile, weapon.*

temerarius, -a, -um, *rash, headstrong.*

201

VOCABULARY

temere, adv. *by chance, rashly, heedlessly.*
temo, -onis, m. *pole of chariot.*
tempero, 1, *control, refrain.*
tempestas, -atis, f. *a time, season, weather, storm.*
temptabundus, -a, -um, *making repeated attempts.*
tempto, 1, *handle, attempt.*
tempus, -oris, n. *time;* id temporis (adv. acc.), *at that time;* pl. *the temples;* tempore, *in time, early.*
tendo, 3, tetendi, tentum and tensum, *stretch, stretch out, bend;* insidias, *lay snares for;* intr. *go, strive.*
tenebrae, -arum, f. pl. *darkness.*
Tenedos, -i, f. island in Aegean Sea.
teneo, 2, *hold, hinder.*
tenus, prep. with abl. or gen., always after its case, *as far as.*
tepefacio, 3, -feci, *make warm.*
tepidus, -a, -um, *warm.*
ter, num. adj. *thrice.*
terebro, 1, *bore through.*
tergum, -i, n. *the back, rear;* terga vertere, *take to flight.*
terminus, -i, m. *boundary, limit.*
tero, 3, trivi, *rub, tread often, frequent, wear out, pass* (time).
terreo, 2, *frighten.*
testis, -is, c. *a witness.*
testor, 1, dep. v. *bear witness, invoke as witness.*
testudo, -inis, f. *tortoise, lyre.*
Tethys, -yos, f. *sea-goddess,* wife of Oceanus.
Teucria, -ae, f. *Troy.*
thalamus, -i, m. *inner room, wedlock.*

Themistocles, -is, m. an Athenian general; the reference in Cicero's letter is doubtful, as T. did not return from exile.
thesaurus, -i, m. *treasure.*
Theseus, -ei, m. a king of Athens.
Thetis, -idis or -idos, f. *a sea-nymph, the sea.*
tholus, -i, m. *dome.*
Thracius (Threicius), -a, -um, also **Thrax**, -acis, *Thracian.*
Thymoetes, -is, m. one of the elders of Troy.
thymum, -i, n. *thyme.*
Tibur, -uris, m. town of Latium on the Anio near Rome, now Tivoli; **Tiburs**, -urtis, *Tiburtine.*
tigillum, -i, n. *small beam.*
Timaeus, -i, m. a historian who wrote a history of Sicily which is not extant; died about 256 B.C.
Timoleon, -onis, m. a noble of Corinth who drove out the tyrants from Sicilian cities and established democracies; died 337 B.C.
tingo, 3, -nxi, *wet, bathe, dye.*
Tiphys, -yos, m. pilot of the Argo.
Tirynthius, -a, -um, *of Tiryns,* a town in Argolis where Hercules was brought up.
Titan, -anis, m. the Sun-god.
titubo, 1, *stumble, stagger.*
Tityos, -yi, m. a giant, son of Zeus, slain by Apollo for insulting Artemis.
togatus, -i, m. *one who wears the toga, a Roman citizen.*
tollo, 3, sustuli, sublatum, *lift* or *raise up, bring up, educate, carry, take away.*

Tonans, -antis, m. *the Thunderer* (epithet of Jupiter).
tonitrus, -us, m. *thunder.*
tono, 1, -ui, *thunder.*
tormentum, -i, n. *engine for hurling missiles.*
torpeo, 2, *be numb, stupefied.*
torqueo, 2, torsi, *turn, twist, hurl.*
torreo, 2, *roast, scorch.*
torridus, -a, -um, *parched,* (with cold) *pinched.*
torus, -i, m. *couch, bed, marriage.*
torvus, -a, -um, *stern, grim.*
tot, indecl. num. adj. *so many;* tot...quot, *as many...as.*
totiens, adv. *so often, as often.*
trabs, trabis, f. *a beam.*
tracto, 1, *haul, touch.*
tractus, -us, m. *a dragging, track, course, region;* tractu pari, *running parallel to the river.*
trado, 3, -didi, *give up, surrender, introduce.*
traduco, 3, -xi, -ctum, *lead across,* (of time) *pass.*
tragicus, -a, -um, *tragic.*
traho, 3, -xi, -ctum, *draw, drag,* (wool) *spin,* (time) *drag out.*
traicio, 3, -ieci, *throw over, pierce.*
trames, -itis, m. *bypath, footpath.*
trano, 1, *swim over, across.*
transadigo, 3, -egi, *thrust or drive through.*
Transalpinus, -a, -um, *that lies beyond the Alps.*
transeo, 4, *go over or across, pass over.*
transfuga, -ae, c. *deserter.*

transigo, 3, -egi, *finish, complete.*
transmuto, 1, *change, shift.*
Transpadanus, -a, -um, *that is beyond the Po.*
transversus, -a, -um, *athwart, crosswise;* transversos agere, *to lead astray;* transverso itinere, either *across the line of march,* or *at right angles to the river and the range of mountains;* transversis principiis, *with the van turned to form the flank;* transversis proeliis, *with attacks on the flank;* transversus versiculus, *the little line written along the margin.*
treceni, -ae, -a, *three hundred each.*
trecenti, -ae, -a, *three hundred,* sometimes used for an indefinitely large number.
tremefacio, 3, -feci, *cause to shake* or *tremble.*
tremendus, -a, -um, *dreadful, terrible.*
Trivicum, -i, n. small town between Samnium and Apulia.
Troia, -ae, f. *Troy.*
Troianus, -a, -um, *Trojan.*
Tros, -ois, m. *a Trojan.*
trucido, 1, *slaughter.*
trulla, -ae, f. *small ladle for taking wine from bowl.*
truncus, -i, m. *body* or *trunk.*
trux, -cis, adj. *savage, fierce, grim.*
tuba, -ae, f. *trumpet.*
tueor, 2, -itus, dep. v. *look at, guard, protect, uphold.*
tugurium, -ii, n. *hut, cottage.*
tuli, perf. of fero.
Tulliola, dim. of Tullia, *little* or *dear Tullia.*

Tullus Hostilius, third king of Rome.

tum, adv. *then, at that time, moreover.*

tumeo, 2, *swell.*

tumulus, -i, m. *mound, sepulchral mound.*

tunc, adv. *at that time, then.*

turbo, 1, *throw into confusion, disturb.*

turdus, -i, m. *thrush.*

turgidus, -a, -um, *swollen.*

turma, -ae, f. *troop;* turmatim, adv. *by troops;* se turmatim explicare, *to file off in troops.*

turpis, -e, *foul, disgraceful.*

tus, turis, n. *incense.*

Tusculum, -i, n. ancient town ten miles from Rome; adj. **Tusculanus,** -a, -um.

tussis, -is, f. *cough.*

tutor, 1, dep. v. *watch, protect.*

Tydides, -ae, m. *son of Tydeus,* Diomedes.

Typhoeus, -ei or -eos, m. a giant struck with lightning by Jupiter and buried under Mt Aetna.

Tyrius, -a, -um, *Tyrian.*

Tyrrhenus, -a, -um, *Etruscan.*

uber, -eris, n. *udder, breast.*

uber, -eris, adj. *fruitful, rich.*

ubi, adv. *in what place, where, when.*

ubinam, adv. (with gentium), *where in the world.*

ubique, adv. *anywhere, everywhere.*

Ucalegon, -onis, m. one of the elders at Troy.

udus, -a, -um, *wet, damp.*

Ulixes (Ulysses), -is and -ei, m. Latin name for Odysseus, king of Ithaca.

ultra, adv. and prep. with acc. *beyond.*

ultro, adv. *of one's own accord, gratuitously.*

ululatus, -us, m. *wailing, shout.*

ululo, 1, *shriek, resound with wailings.*

umbo, -onis, m. *boss of shield.*

umerus, -i, m. *shoulder.*

umquam (unquam), adv. *at any time, ever.*

una, adv. *in company, together.*

unde, adv. *from which place, whence.*

undique, adv. *from all sides, everywhere.*

unguis, -is, m. *nail;* ad unguem factus homo, *a gentleman to the finger-tips.*

ungula, -ae, f. *claw, hoof, talon.*

unice, adv. *solely, especially.*

universus, -a, -um, *whole, entire;* universi, *all men together.*

unusquisque, *each one.*

urgeo, 2, ursi, *press, weigh down, woo.*

urna, -ae, f. *urn.*

uro, 3, ussi, tr. *burn.*

usquam, adv. *anywhere.*

usque, adv. *as far as, as long as.*

usus, -us, m. *the use, enjoyment, practice.*

ut or **uti,** adv. *as, when, how;* conj. with subj. *that, so that, in order that.*

utcumque, adv. *however, whenever.*

uter, utra, utrum, *which of two.*

uterque, utraque, utrumque, *both;* pl. *both sides.*

uterus, -i, m. *womb.*

utinam, adv. *would that!*

utique, adv. *in any case.*

utor, 3, usus, dep. v. *make use of, employ, enjoy.*

utpote, adv. *inasmuch as, since.*

utrimque, adv. *from or on both sides.*

utroque, adv. *in both ways or directions.*

uva, -ae, f. *bunch of grapes.*

uvidus, -a, -um, *moist, wet.*

vaco, 1, *be empty, be idle, lack* (with abl.).

vacuefacio, 3, -feci, tr. *empty.*

vacuus, -a, -um, *empty, free, idle, free from love;* animo vacuus, *easy in mind.*

vado, 3, *go, rush.*

vador, 1, dep. v. *bind over by bail to appear in court;* vadato, impers. abl. absol. *having been held to bail.*

vadum, -i, n. *shoal, ford.*

vagina, -ae, f. *scabbard, sheath.*

vagor, 1, dep. v. *roam,* (of report) *spread about.*

vagus, -a, -um, *strolling along, wandering.*

valeo, 2, *be strong, be able, worth;* vale, *farewell.*

valetudo, -inis, f. *health, ill-health.*

validus, -a, -um, *strong, effective.*

vallum, -i, n. *rampart.*

valvae, -arum, f. pl. *folding door.*

vappa, -ae, f. *flat wine.*

vas, vadis, m. *a bail.*

vas, vasis, n. (pl. vasa, -orum) *vessel, dish.*

vasto, 1, *lay waste, ravage.*

vastus, -a, -um, *empty, desert, ravaged, vast.*

vaticinor, 1, dep. v. *foretell.*

Vatinius, a political adventurer who served under Caesar in the Civil War.

vector, -oris, m. *traveller.*

vehementer, adv. *eagerly, very.*

veho, 3, -xi, *bear, carry.*

Veiens, -ntis, adj. *of Veii,* ancient city of Etruria.

velamen, -inis, n. *robe.*

veles, -itis, m. *light-armed soldiers, skirmishers.*

vello, 3, vulsi, *pull* or *tear out.*

vellus, -eris, n. *fleece.*

velo, 1, *cover, veil.*

velut (veluti), adv. *even as, just as.*

Venafranus, -a, -um, *of Venafrum,* ancient Sabine town.

venalis, -e, *for sale.*

venatrix, -icis, f. *huntress.*

venatus, -us, m. *hunting.*

veneno, 1, *poison.*

venenum, -i, n. *poison, venom.*

veneo, 4, *be sold.*

venia, -ae, f. *favour, permission, pardon.*

venio, 4, veni, ventum, *come.*

venor, 1, dep. v. *hunt.*

venter, -tris, m. *belly.*

ventito, 1, *keep coming, resort.*

Venus, -eris, f. goddess of love, *love.*

ver, veris, n. *spring.*

verber, -eris, n. usu. pl. *whip, blow.*

verbero, 1, *whip, scourge.*

verecundia, -ae, f. *shyness, modesty.*

verecundus, -a, -um, *shy, modest, diffident.*

vereor, 2, -itus, dep. v. *fear.*

Vergiliae, -arum, f. pl. constellation = Pleiades.

vergo, 3, tr. and intr. *turn, incline.*

vero, adv. *in truth, indeed, however.*

versiculus, -i, m. *a little line.*

versor, 1, dep. v. *dwell, be situated, busy oneself with.*

versus, -us, m. *line, verse.*

vertex, -icis, m. *whirlpool, peak, summit.*

vertigo, -inis, f. *whirling around.*

verto, 3, -ti, *turn;* terga, *take to flight.*

verum, adv. *truly, but yet.*

vesanus, -a, -um, *mad, fierce.*

vescor, 3, dep. v. *feed on, enjoy.*

vesper, -eris and -eri, m. *the evening.*

Vesta, -ae, f. goddess of the household; ad Vestae (templum), *to the temple of Vesta.*

vestibulum, -i, n. *entrance court of house.*

vestigium, -ii, n. *footstep, trace.*

vestimentum, -i, n. *garment, clothing.*

vestio, 4, *clothe.*

veto, 1, -ui, -itum, *forbid.*

vexatio, -onis, f. *annoyance, hardship.*

vexillum, -i, n. *military standard;* red flag displayed on general's tent as sign for marching or battle.

viator, -oris, m. *traveller.*

vibro, 1, tr. *brandish;* intr. *quiver.*

vicinia, -ae, f. *neighbourhood, nearness.*

vicinus, -a, -um, *near, neighbouring.*

vicis (gen., no nom.), vicem, vice, pl. vices, *change, fate, misfortune, duty;* adv. in vicem, *by turns.*

vicissitudo, -inis, f. *change, vicissitude.*

victus, -us, m. *provisions.*

viculus, -i, m. *hamlet.*

vicus, -i, m. *street, village.*

video, 2, vidi, visum, *see, see to;* pass. *seem;* impers. videtur, *it seems good.*

viduo, 1, *deprive* or *bereave of.*

viduus, -a, -um, *widowed,* (with abl.) *without.*

vigeo, 2, *flourish.*

vigil, -ilis, adj. *wakeful;* as subst. *watchman, sentinel.*

vigilia, -ae, f. *guard, a watch;* i.e. fourth part of night.

vigilo, 1, *watch.*

vilis, -e, *cheap, paltry.*

villa, -ae, f. *country-house, farm.*

villula, -ae, f. *small country-house.*

vimen, -inis, n. *pliant twig.*

vin for **visne,** from volo.

vinarium, -ii, n. *wine-pot, -flask.*

vinco, 3, vici, *conquer, win.*

vinculum, -i, n. *fetter;* pl. *fetters, prison.*

vindex, -icis, c. *defender, avenger.*

vindico, 1, *claim, avenge.*

vinea, -ae, f. *vineyard.*

violarium, -ii, n. *bed of violets.*

violo, 1, *treat with violence.*

vireo, 2, *be green* or *vigorous, bloom.*

virga, -ae, f. *branch, rod.*

virgultum, -i, n. *bush.*

virilis, -e, *manly.*

viritim, adv. *man by man, singly.*

virtus, -utis, f. *manliness, worth, excellence, courage.*

vis, vim, vi, pl. vires, -ium,

-ibus, f. *force, number;* pl. *strength, troops.*

Viscus, -i, m. a literary friend of Horace.

viscus, -eris, usu. pl. viscera, -um, n. *the internal organs, the flesh.*

viso, 3, -si, *view, go and see.*

vitio, 1, *spoil, mar.*

vito, 1, *shun, avoid.*

vitreus, -a, -um, *like glass.*

vitrum, -i, n. *glass.*

vitta, -ae, f. *fillet, chaplet.*

vitulus, -i, m. *calf, foal.*

vitupero, 1, *blame, censure.*

vivo, 3, vixi, victum, *live.*

vivus, -a, -um, *alive.*

vix, adv. *with difficulty, hardly.*

vixdum, adv. *hardly then, scarcely yet.*

voco, 1, *call, invite.*

volo, 1, *fly.*

volo, velle, volui, *be willing, wish.*

voltus, see **vultus.**

volucer, -cris, -cre, *winged.*

volumen, -inis, n. *roll, volume, whirl.*

voluptas, -atis, f. *pleasure.*

voluto, 1, *roll* or *tumble about.*

vomer, -eris, m. *ploughshare.*

votum, -i, n. *a vow, prayer, fire.*

Vulcanus, -i, m. *the fire-god;* **Vulcanius,**-a,-um, *of Vulcan.*

vulgo, adv. *commonly, publicly.*

vulgo, 1, *spread abroad.*

vulgus, -i, n. *multitude, crowd, rabble.*

vulnero, 1, *wound, hurt.*

vultus, -us, m. *visage, looks, stern look, the face.*

Xenophontius, -a, -um, *of Xenophon,* the Greek historian.

zephyrus, -i, m. *gentle west wind, zephyr.*

zona, -ae, f. *belt, girdle;* the earth was divided into five circles or zones: the arctic and antarctic, the tropics of Cancer and Capricorn, and the equinoctial.

www.ingramcontent.com/pod-product-compliance
Ingram Content Group UK Ltd.
Pitfield, Milton Keynes, MK11 3LW, UK
UKHW020806190625
459647UK00032B/1911